かぎ針で編む
可憐な花のアクセサリー

日本文芸社

野に咲く花、ベランダのプランターの花、フラワーショップの季節の花。
その愛らしい姿をモチーフにしてレース糸と刺しゅう糸で
編み上げ、アクセサリーに仕立てます。

それぞれのモチーフは花そのものの形をブローチや指輪、
ペンダントにしたり、アクセサリー金具とつなぎ合わせてネックレスやピアス、
ブレスレットに仕上げたりと使い方はいろいろ。

レース糸は、軽く繊細に編み上がる細い80番を使い、
花びらの輪郭を際立たせます。また、25番刺しゅう糸は、
メリハリのあるレース糸とは違った光沢のあるしなやかな表情を見せてくれます。

可憐な花のアクセサリー。
でき上がるまでのプロセスの興味深さと
形になってからの楽しみをお届けします。

CONTENTS

CROCHET LACE ACCESSORIES

マトリカリアのイヤリング……………………… 6

マトリカリアのピアス…………………………… 7

ハナミズキのネックレス………………………… 8

ブルー&ピンクのブロッサムリング…………… 9

小花とベビーティアーズのバレッタ………… 10

桃色小花のヘアピン…………………………… 11

木の実のチャーム……………………………… 12

プルメリアのチャーム………………………… 13

カンパニュラのイヤーフック………………… 14

紫陽花のネックレス&イヤリング…………… 16

秋色紫陽花のピアス…………………………… 17

フラワーリースのペンダント/ブローチ…… 18

花飾りのフォトフレーム……………………… 19

ブルーデイジーとシロツメクサのブレスレット… 21

ジニアのブローチ……………………………… 22

ミルキーカラーの小花チョーカー…………… 23

若葉のカチューシャ……24

赤い実のヘアコーム……25

ラナンキュラスのコサージュ……26

ローズヒップのミニリース……28

チューリップのブローチ……29

紅いバラの首飾り……30

翠のバラのスカーフ留め……31

ミニバラのシューズクリップ……32

作り始める前に

〚 材料のこと 〛……34

〚 道具のこと 〛……36

〚 テクニックガイド 〛

 針と糸について……38

 作り目の方法と編み目記号の編み方……40

 編み上がったモチーフについて……51

 アクセサリー金具の扱い方……52

編み方と仕立て方解説

〚 作り方解説の見方 〛……54

How to make……56〜95

マトリカリアのイヤリング

ぷっくりとした花心に白い花びらをつけた可愛い花を耳元に。葉のメタルパーツと大きめのパールで上品な印象に仕上げました。シャワー台付きの金具にモチーフを縫いつけるタイプのイヤリングです。

Design 古本美枝　　How to make ≫ p.56

マトリカリアのピアス

左ページと同じモチーフを、花心の色を薄い緑にして。飾りのパーツも種類とスタイルを変えて遊び心をプラス。土台の金具も同じシャワー台付きなので左ページと共にイヤリング、ピアスをチョイスできます。

Design 古本美枝　　How to make ≫ p.56

ハナミズキのネックレス

春の空に映える白いハナミズキを3輪、ネックレスに咲かせて。モチーフの後ろに透かし模様のメタルパーツを当てて仕立てます。4弁の花びらに見える部分は本当は葉の一種で、花心のようなものが花なのだそう。

Design 古本美枝　　How to make ≫ p.58

ブルー & ピンクの
ブロッサムリング

八重咲きの小さな花をギュッと集めて。ブルーは小指につけるピンキーリング。ピンクには粒ビーズをあしらって華やかに。どちらも段染めの糸を組み合わせているので、使う部分の色で違う表情が楽しめます。

Design おのゆうこ　　How to make ≫ p.84

小花とベビーティアーズの バレッタ

朝摘みの花に優しい色合いのグリーンを添えた、小さな小さなフラワーアレンジメントのよう。赤ちゃんの涙ほどの葉（ベビーティアーズ）を長くつなげて編み、小花のまわりを囲むようにつけて仕上げます。

Design Ha-Na　　How to make ≫ p.65

桃色小花のヘアピン

左ページの二つの小花を桃色の濃淡に替えて皿付きのヘアピン金具につけました。ベビーティアーズもほんの少し添えてアレンジメントの要素を残します。モチーフの配置を好みで変えても楽しい。

Design Ha-Na　　How to make ≫ p.65

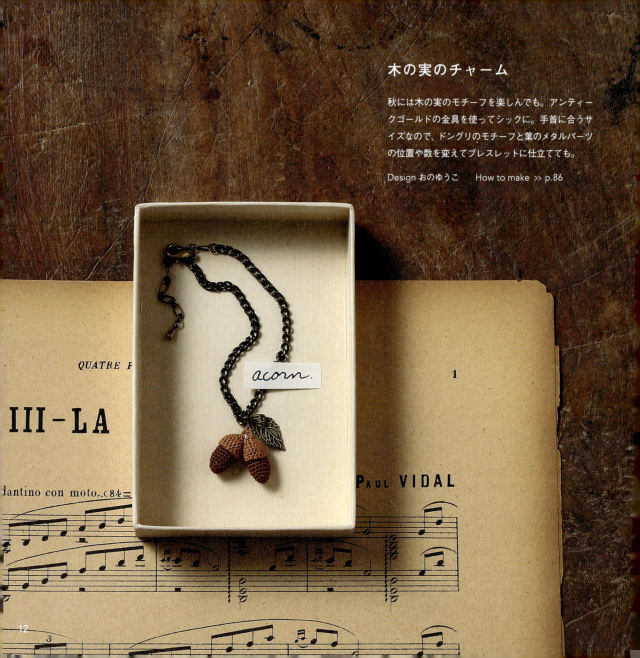

木の実のチャーム

秋には木の実のモチーフを楽しんでも。アンティークゴールドの金具を使ってシックに。手首に合うサイズなので、ドングリのモチーフと葉のメタルパーツの位置や数を変えてブレスレットに仕立てても。

Design おのゆうこ　　How to make ≫ p.86

プルメリアのチャーム

左ページのチャームを、南国の花と海にちなんだパーツで印象を変えて。プルメリアは太平洋の島々でレイに使われる香り豊かな花。白い花びらが少しずつ重なり合った「ハワイアン・イエロー」に見立てて。

Design おのゆうこ　　How to make ≫ p.92

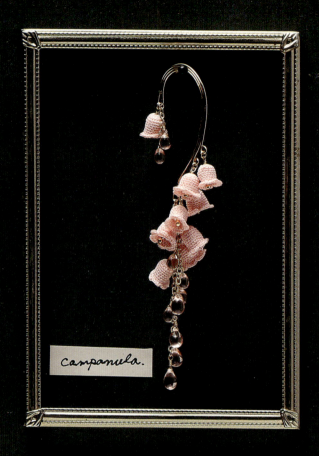

カンパニュラのイヤーフック

イヤリングやピアスよりボリュームのあるオシャレが楽しめるのがイヤーフック。晴れの装いに華を添えてくれる一品は、片方の耳にかけて使います。花の中にはパールを覗かせてしずく形のビーズをアクセントに。

Design 古本美枝　　How to make ≫ p.60

紫陽花のネックレス＆イヤリング

紫陽花の花を三つ、どの方向からも見えるようにつけて。透明感のあるブルーのクリスタルビーズと花の下に見え隠れする白いチェコビーズが花の佇まいを浮き立たせてくれます。ゴールドの金具も一役買って。

Design 古本美枝　　How to make ≫ p.62

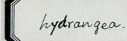

hydrangea.

秋色紫陽花のピアス

構成する素材が同じでも、花色とビーズの色、パーツの配置をアレンジすれば左ページのイヤリングとは別の仕上がりに。吊り下げられる輪の付いた金具ならピアスでもイヤリングでも両方に作れます。

Design 古本美枝　　How to make ≫ p.62

フラワーリースの
ペンダント／ブローチ

純白の巻きバラをメインモチーフにレースやパール、花形のパーツをふんだんに使って。彩りを添える小花はグラデーションカラーのピンクでアクセントをつけて。チェーンは取り外し可能でブローチにも。

Design きくちみさえ　　How to make >> p.71

花飾りのフォトフレーム

左ページのモチーフを木肌のフレームに合うように
ベージュ×ブラウン系で作りました。土台のフレー
ムに直に貼るだけ。モチーフとパーツの配置や数を
カスタマイズして、フレームは楕円を選んでも。

Design きくちみさえ　　How to make ≫ p.74

ブルーデイジーと
シロツメクサのブレスレット

ブルーデイジーにシロツメクサの花と三つ葉を添えて大人かわいい色合いのブレスレットができました。上下の向きに片寄りがないようにシロツメクサの花の位置をずらしてつけると、バランスよく仕上がります。

Design Ha-Na　　How to make >> p.68

ジニアのブローチ

モチーフを、花びらが立ち上がるように仕立てて、小さな花びらが幾重にも重なって咲くジニアをブローチに。まわりに花びらの形に切り込んだオーガンジーをあしらって、ふんわりと優しい仕上がりに。

Design 草本美樹　　How to make >> p.76

ミルキーカラーの 小花チョーカー

小さな7つの花をニュアンスのあるコード編みのブレードに縫いとめて。ブレードの両端にはアジャスター付きのひも留め金具をつけています。花心部分に膨らみをもたせてシンプルな花に表情をプラスして。

Design Ha-Na　　How to make ≫ p.78

若葉のカチューシャ

春に芽吹いた若葉が連なっているように葉のモチーフを編みつなげます。朝露に光が差しているような小さな編み玉を添えてアクセントに。まとめ髪に無造作につけてラフなスタイルを楽しむのがオススメ。

Design 草本美樹　　How to make ≫ p.80

赤い実のヘアコーム

左ページの葉のモチーフを刺しゅう用のラメ糸で編みました。編み玉は赤系のラメ糸で実をつけたイメージに。ヘアコーム金具の長さによって葉のモチーフの数を調整します。仕上げに葉を好みの角度に縫いとめて。

Design 草本美樹　　How to make >> p.80

ラナンキュラスのコサージュ

コロンとした形が特徴のラナンキュラス。花心を包み込むようにたくさんの薄い花びらが外に向かって重なります。その姿を、丸まった花びらモチーフを大小編んでコサージュに再現しました。ネップ状のコードも手編みで。

Design Ha-Na　　How to make ≫ p.82

ローズヒップのミニリース

ローズヒップは野バラの実。赤く色づいた枝付きの実を蔓のリース飾りに。リース台は10cmにも満たない小さなリング形なので、オーナメントやチャームに仕立てても。枝付きの実だけでブローチにしても。

Design おのゆうこ　　How to make ≫ p.87

チューリップのブローチ

花は円形のモチーフを丸めて作ります。編み方は花、茎、葉すべてこま編みのみ。葉は2色の色分けがポイントで葉元と葉先が丸まって編み上がるので、そのままのフォルムを生かすとナチュラルな仕上がりに。

Design 草本美樹　　How to make ≫ p.90

紅いバラの首飾り

ペンダント金具にバラをつけてベルベットのリボンでチョーカーにしました。リボンの両端は後ろで結んでバックスタイルもおしゃれに。金具にバチカンを足してチェーンを通せばネックレスとして楽しめます。

Design 草本美樹　　How to make ≫ p.94

翠のバラのスカーフ留め

バラは、アーチが並んだような編み地を横長に作り、端から巻いて仕立てます。花びらのメインになる部分の編み地が裏側を向くようにして、反った花びらを表現しています。小さな葉を添えて。

Design 草本美樹　　How to make ≫ p.94

ミニバラのシューズクリップ

バラを二つ編んでシューズ用のクリップ金具に縫いとめて。刺しゅう糸で仕上げたバラは布製のフラットシューズにもよく合います。大切な革靴には金具のツメ跡がつかないように当て布をしてからつけるとベター。

Design 草本美樹　　How to make ≫ p.94

作り始める前に

作品を作る前に準備するもの、
モチーフを編むための基本、アクセサリーに仕上げるための
コツを写真とイラストでまとめました。
作品作りに取りかかってからのガイドとしても
利用してください。

材料のこと

花モチーフのアクセサリーを作るために欠かせない糸と、飾りなどに用いる主な副資材、接着剤について説明します。それぞれ作り方解説ページに従って用意してください。

ⓐ レース糸

本書で使用しているレース糸は細い80番のもの。小さな玉巻きタイプで外側の糸端から使用する。糸玉に入っている紙の内側に色番号表記がある。なお、花モチーフに使う糸の長さはごく少量のため、一つの作品を作るにはレース糸は1玉用意すれば足りる。

ⓑ 刺しゅう糸

レース針で編める細い糸として25番刺しゅう糸を使った作品も本書では紹介している。レース糸より糸の撚りがゆるいので、編むときに針の先で糸を割らないように注意する。本書では、レース糸の太さと揃うように刺しゅう糸2本を合わせて編み糸として使用している。

ⓒ ビーズ

パールビーズやチェコビーズなど花モチーフと組み合わせてアクセサリーのメインパーツに使う。粒ビーズは主に専用の針と糸を使い、花モチーフに縫いつけて飾りにする。
▶▶ ビーズを縫いつけるためにはビーズステッチ糸とビーズ針を用意します。また、モチーフにビーズを編み込む場合は初めにビーズをレース糸に通しておきますが、糸にスムーズにビーズを通せるビーズ通し針を使うと楽に作業できます。

ⓓ アクセサリー金具
（アクセサリーパーツに仕立てるもの、つなげるもの）

花モチーフとビーズを組み合わせた作品には、主にワイヤーまたはTピンをめがね留めにして使用する。それぞれ作品に適した色と太さを用意する。このほか作品によってパーツどうしや、パーツを土台金具とつなげるカン類（丸カン、Cカン、バチカンなど）やカニカンなどの留め具が必要。

ⓔ アクセサリー金具
（土台にするもの）

シャワー台や皿のついたものには、花モチーフを縫いとめたり接着剤で貼ったりして固定する。モチーフを吊り下げる小さな穴のついた金具や糸で縫いとめるブローチピンなど様々なアクセサリー土台がある。
▶▶ 本書では、**ⓓ**の金具類も含めて作り方ページに必要な金具の形状やサイズを表記しているので、それぞれの解説図や材料写真も参考にして用意してください。

ⓕ ボンド

花モチーフをアクセサリー金具につけるための接着剤。金属に貼るのに適した多用途タイプを用意する。糸端の始末の補強やモチーフを布につけるには手芸用のボンドが向く。細かい作業には口の細いものが使いやすい。いずれも手芸店で購入できる。

道具のこと

アクセサリーのメインパーツとなる花モチーフをきれいに仕上げるためには、必ず指定のサイズのレース針を使います。工具類は、作品によって不要なものもあるので作り方解説を確認してください。

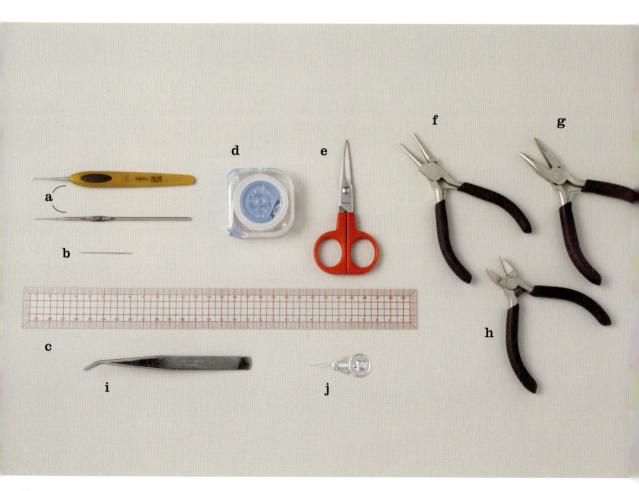

ⓐ レース針

レース糸または刺しゅう糸は、先端がかぎ針と同じ形状のレース編み用の金属製の針で編む。号数でサイズを示し、0号から太い順に二つ刻みに14号まで8タイプがある。本書では80番レース糸には主に12号を使用。作品や編み糸によっては6号、8号、10号、14号も使っている。

ⓑ とじ針

編み上がったモチーフの糸端を始末するほか、アクセサリー金具にモチーフを縫いとめるときに使う。レース糸に合った太さで短いものが作業しやすい。針先の丸いクロスステッチ針でも代用できる。糸を針穴に通すのにスレダー（jを参照）があると便利。

ⓒ 定規　ⓓ メジャー

モチーフはむやみに編み進めず、定規を使って必ずサイズを確認することが大切。編み目がゆるいと実際より大きく仕上がり、バランスが悪くなる。作り方ページにモチーフの大きさを表示しているので目安にして編むとよい。定規を使えないカーブ部分にはメジャーを用いる。

ⓔ はさみ

レース糸または刺しゅう糸を切るには、手芸ばさみまたはクラフトばさみを用意する。モチーフが小さいため、細部の作業がしやすい先の細い小ぶりのものが使いやすい。リボンやレースの裁断にも使えるものを選ぶとよい。

ⓕ 丸ヤットコ　ⓖ 平ヤットコ　ⓗ ニッパー

丸ヤットコはワイヤーやTピンを丸めるのに使い、平ヤットコは角をつけて曲げるほか、ワイヤーの切り端を押さえたりはさんだりと用途はいろいろ。丸カン、Cカンの開閉には必須の道具。ニッパーはワイヤーやTピンをカットするのに使用する。

〔 あると便利な道具2点 〕

ⓘ ピンセット　ⓙ スレダー

ピンセットを使うと極小のパーツを接着するときに重宝するほか、編み上がったモチーフの花びらをつまんで形作るなど細かい作業が容易になる。スレダーは、ダイヤ形の針金をとじ針の穴に通して糸通しを補助する、簡易糸通し。

テクニックガイド

花モチーフのアクセサリー作りに必要なテクニックをご紹介します。編み始める前に押さえておきたい糸と針、アクセサリー金具の扱い方と、実際に編むための基本項目を詳しく解説しています。

【 針と糸について 】

レース針の持ち方

 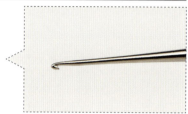

グリップ

針先のかぎ形の部分が下を向くように右手の人さし指と親指でグリップ（グリップのないものは平らな部分／p.36参照）をつまんで中指を添える。
※実際に編むときにはグリップを人さし指のつけ根近くに当てると安定する。

糸のかけ方　>> 写真ではわかりやすいように綿素材の編み糸を使用しています。

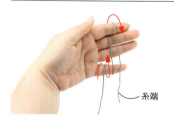  

糸端

糸端

糸端を持ち、左の小指に一巻きしてから人さし指にかける。
※小指に巻くのは糸の送りを抑え、編み目が緩まないようにするため。

糸端を親指と中指でつまみ、人さし指を立てるようにして糸を張る。

※細い糸はすべりやすいため、かけた糸が緩いようなら、さらに人さし指にも一巻きするとよい。

25番刺しゅう糸の扱い方

25番刺しゅう糸は細い糸6本を合わせて枷(かせ)の状態になっているので、使い始めるときには6本の束の端をつまんで引き出す。
※適量を引き出したら、6本一緒に糸を切る(長さは右下参照)。

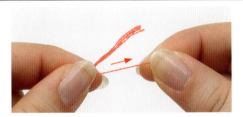

引き出した6本の束から1本を引っ張って抜き取る。
※本書では、25番刺しゅう糸は2本を合わせて編み糸にするため、さらにもう1本を抜き取る。

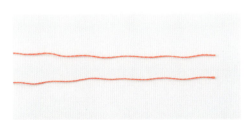

2本の糸は端を揃え、もう片方の端まで合わせて引き揃えにする。

【 引き揃えにする刺しゅう糸の長さは 】

25番刺しゅう糸は6本の束のままでは編み糸として使えないため、まず適当な長さを決めて束を切ることがポイントとなります。短いと束から1本を抜き取るのは楽ですが、すぐに編み糸が足りなくなります。一つのモチーフに継ぎ足しして編むのはなるべくなら避けて、モチーフ一つ分が編める長さが用意できるとよいでしょう。1.5m程度なら慎重に作業すれば無理なく抜き取れます。また、長さの半分のところから糸の中央をつまんで引っ張ると、より簡単に抜き取れます。

【作り目の方法と編み目記号の編み方】

編み方の基礎をプロセス写真と編み目記号のイラストで詳しく紹介します。作品作りに取りかかる前に、ここで練習して基本の作業を覚えましょう。

>> p.40〜43では、わかりやすいようにレース糸とレース針の代わりに綿素材の編み糸とかぎ針を使用しています。またレース糸（綿素材の編み糸）は「糸」、レース針（かぎ針）は「針」と表記しています。

わの作り目 >> 1周ごとにぐるりと丸く編んでいく場合の作り目の方法です。ほとんどの花モチーフはこの方法で編みます。

1 人さし指に糸を2回半巻く。
※わが大きくならないように小指に巻いてもよい。

2 指から外し、二重になったわの根元を押さえ、p.38を参照して左手に糸をかけ、中指と親指でわの根元を持つ。

3 針をわに入れて糸をかけ、手前に引き出す。

4 わから糸を引き出したところ。

5 針に糸をかけ、針にかかっているループから引き抜く。

6 左の人さし指にかかっている糸を引いて引き抜いたループを締める。わの作り目が完成。

くさりの作り目　>> 葉や茎など編み地の幅を設定して上（または上下）に編み進める場合の作り目の方法です。

編み目記号の「くさり編み」を参照して指定の目数のくさりを編む。

表側

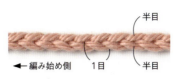

くさりが連なったようになる。上側と下側の糸をそれぞれ「半目」という。

裏側

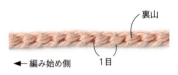

1目ずつにコブのように糸が盛り上がる。コブの部分を「くさりの裏山」という。

・編み目記号・

くさり編み　○

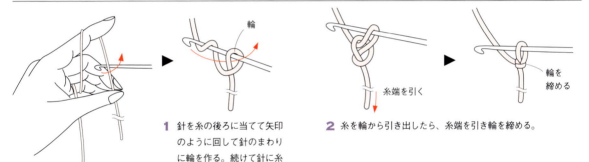

1　針を糸の後ろに当てて矢印のように回して針のまわりに輪を作る。続けて針に糸をかけて輪から引き出す。

2　糸を輪から引き出したら、糸端を引き輪を締める。

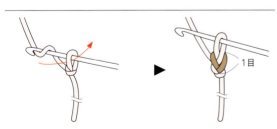

3　針に糸をかけ、針にかかっているループから糸を引き抜く。引き抜いたループがくさり1目になる。

わの作り目に1段めを編む方法 >> こま編みを6目1段編む場合。

1 わの作り目をしたら立ち上がりのくさり1目を編む。

2 針でわの糸をすくって糸をかけ、p.44を参照してこま編みを編んでいく。

3 わにこま編みを1目編み入れたところ（写真左）。同様にあと5目編み入れる（写真右）。

4 こま編みが6目編めたら針にかかっているループを広げて針を外す。糸端を少し引き、片方のわが縮むのを確認する。縮んだほうのわをつまんで糸を引き、大きいほうのわを縮める。

5 大きいわを縮めたところ。

6 次に糸端を引くと残っているわの糸が動くので、さらに糸端を引っ張ってわを完全に縮める。

7 広げたループに針を戻し、こま編みの1目めの頭の下に針を入れ、p.50を参照して引き抜く。

8 わの作り目にこま編み6目を編み入れた1段めが編めたところ。

くさりの作り目に1段めを編む方法　>> くさり5目の作り目にこま編みを1周、1段編み入れる場合。

1 くさりの作り目を5目編んだら、立ち上がりの1目を編む。作り目の半目をすくい、p.44を参照してこま編みを1目編む。続けて残りの作り目の半目にこま編みを1目ずつ編んでいく。

2 作り目の1目め（★）まで編み終わったら（写真左）、同じ目にこま編みをあと2目編む（写真右）。

3 残りの作り目の半目にこま編みを1目ずつ、4目編む。最後のこま編みを編み入れたところ（☆）にもう1目編み、最初のこま編みの頭の下に針を入れ、p.50を参照して引き抜く。

4 くさりの作り目5目にこま編みがぐるりと1段編めたところ。

往復して編み進める方法　>> こま編みの場合。p.91編み方図参照。

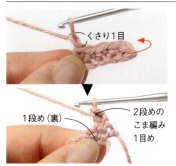

1段めを編んだら、続けて2段めの立ち上がりのくさり1目を編む。針を動かさずに左手で編み地を返し、前段の、端の目の頭の下に針を入れて2段めのこま編みを編んでいく。
※段の最後まで編んだら、次の段の立ち上がりのくさり目を編む、を繰り返す。

【 立ち上がりのくさり目 】

こま編みや長編みなどの編み目を編み始めるために、それぞれの編み目と同じ高さの柱をくさり目で作ります。それを立ち上がりといい、編み方図の編み始めには基本的にくさりの記号が存在します。また、こま編みの場合は立ち上がりはその段の1目めとは認識されず、段の終わりに、立ち上がりのくさり目でなくこま編みの頭に引き抜くのもそのためです。中長編みより長い編み目の場合は、立ち上がりのくさり目はその段の1目めと数えます。

| 編み目記号 |

こま編み ×

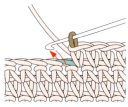
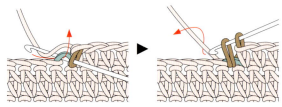

1 前段の目の、頭（上から見るとくさり目のようにループ状になっている部分）の下に手前から針を入れる。

2 針に糸をかけ、頭の下をくぐらせて引き出す。続けて針に糸をかける。

3 針に糸をかけたら、二つのループから引き抜く。

こま編みのすじ編み ×

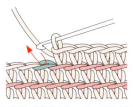

前段の編み目の表側が手前を向いている場合に、頭の奥の半目の下に針を入れてこま編みを編む方法。
※前段の頭の半目が表側に残ってすじになって見える。
※前段の編み目の裏側が手前を向いている場合は「こま編みのうね編み」になる。前段の頭が浮き立って畝のように見える。

> 【 未完成の目とは… 】
>
> 編み目は、頭にループができるように最後に糸を引き抜いて完成しますが、その一つ前の状態を「未完成の目」といいます。針に糸がかかった状態のまま次に編み進めて、編み地を完成させるときに用います。

中長編み

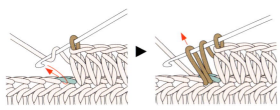

1 針に糸をかけ、前段の編み目の頭の下に針を入れて手前に引き出す。

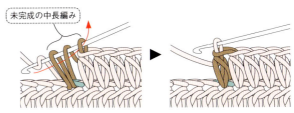

2 針に糸をかけ、すべてのループから一度に引き抜く。

長編み

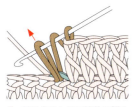

1 針に糸をかけて前段の編み目の頭の下に針を入れ（中長編みの**1**参照）、手前に引き出す。

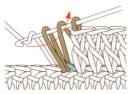

2 針に糸をかけ、針にかかっている左二つのループから糸を引き出す。

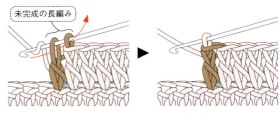

3 針に糸をかけ、二つのループから一度に引き抜く。

・編み目記号・

長々編み

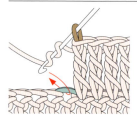
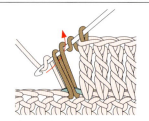

1 針に糸を2回巻きつけ、前段の編み目の頭の下に、手前から針を入れて糸を引き出す。

2 針に糸をかけ、針にかかっている左二つのループから糸を引き出す。

3 針に糸をかけ、三つのループの、左の二つから糸を引き出す。

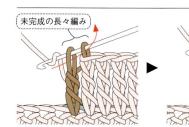

4 針に糸をかけ、二つのループから一度に引き抜く。

三つ巻き長編み

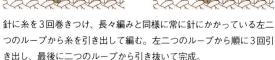

針に糸を3回巻きつけ、長々編みと同様に常に針にかかっている左二つのループから糸を引き出して編む。左二つのループから順に3回引き出し、最後に二つのループから引き抜いて完成。

※編み始めの針に糸を巻きつける回数で、長々編み（2回巻く）、三つ巻き長編み（3回巻く）、四つ巻き長編み（4回巻く）と変化する。

こま編み2目編み入れる

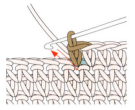
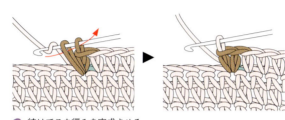

1 こま編みを1目編み、さらに同じ目に針を入れて糸を引き出す。

2 続けてこま編みを完成させる。
※一つの目にこま編みが2目編め、前段の目に対して1目増える。

こま編み3目編み入れる

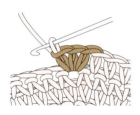

「こま編み2目編み入れる」と同じ要領で一つの目にこま編みを3目編む。

＊中長編み、長編み、長々編み…も同様に、同じ目に2目以上編み入れる方法がある。図は「**長編み3目編み入れる**」の場合。バリエーションとして の場合なども長編みの間にくさりを編みながら同じ要領で編む。また、長編みと長々編みの組み合わせなど、違う編み目を同じ目に編み入れる場合もある。

・編み目記号・

こま編み2目一度 ⋏

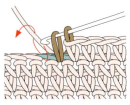
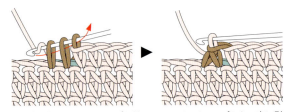

1 前段の目にこま編みと同じ要領で糸を引き出したら完成させずに隣の目からも糸を引き出す。

2 引き出した二つのループと針にかかっているループから一度に引き抜く。
※前段の隣り合う2目が一つに合わさり、編んでいる段の目数が1目減る。

こま編み3目一度 ⋏

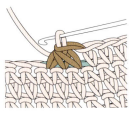

「こま編み2目一度」と同じ要領で前段の3目続いたところから糸を引き出して編む。

＊中長編み、長編み、長々編み…も同様に、前段の2目または3目を未完成の目に編んでから1目にする方法がある。
図は「**長編み3目一度**」の場合。
バリエーションとして1目（または2目以上）あけて隣り合う目を同じ要領で編む場合もある。また、長編みと長々編みの組み合わせなど違う編み目をそれぞれ未完成のところまで編んで1目にする場合もある。

長編み3目の玉編み

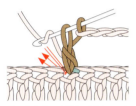
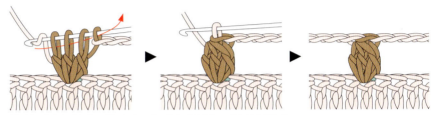

1 未完成の長編みを編み、さらに同じ目にあと2目同様に編む。

2 針に糸をかけたら、針にかかっているすべてのループから引き抜く。
※前段の同じところから途中まで引き出し、最後に一度に引き抜くことで玉の形になる。

長編み5目の玉編み

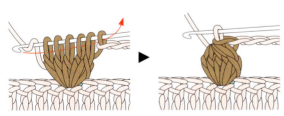

「長編み3目の玉編み」と同じ要領で、同じ目に未完成の長編みを5目編み、一度にループから引き抜く。

- 編み目記号 -

引き抜き編み　●　※表側を向いたこま編みの目に編みつける場合。

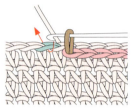

1 こま編みの目の頭の下に手前から針を入れる。

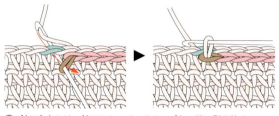

2 針に糸をかけ、針にかかっているループも一緒に引き抜く。

※裏側を向いたこま編みの目に編みつける場合も同様。くさり目に編みつける場合は、くさりの目の中に表側から針を入れて引き抜く。

▽▽▽ と ▽▽▽ の記号の意味

>> 前段がくさりのループの場合の、二通りの編み方を知っておきましょう。※長編み3目の場合で解説。

▽▽▽ の編み方

長編み目3目の根元が合わさっている場合は、p.47の「長編み3目編み入れる」と同じ要領で、編み方図で根元が接しているくさりの目の中に針を入れて編む。長編み3目は固定される。

▽▽▽ の編み方

長編み3目の根元どうしが離れている場合は、くさりのループの下に針をくぐらせて向こうにある糸を手前に引き出して(p.42「わの作り目に1段めを編む方法」参照)1目ずつ編む。長編み3目は根元の糸でくさりのループをくるんだ状態で並び、くさり目に固定されない。

※くさりのループに編み目記号が一つだけついている場合も原則として ▽▽▽ の編み方に従うが、特定のくさり目の中に編み入れることもあり、その場合は編み方図に指示があるので確認して編む。

【 編み上がったモチーフについて 】

糸端の始末
>> 編み終わりの糸端は、針にかかっているループを広げて引き出しておきます。
>> わかりやすいようにレース糸の代わりに綿素材の編み糸を使用しています。

編み終わり、編み始めとも糸端をとじ針に通して始末する。糸が出ているところの際で編み地裏側の数目分の糸をすくって針を入れ、編み地の中に糸を通す。余分な糸端を切る。

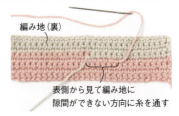

途中で新しい糸を足して編んだところや色を替えたところも左記と同様にとじ針で始末する。色替えの場合は同じ色の部分で行う。

防水・防汚、硬化仕上げ
>> アクセサリーパーツとして仕上げるモチーフは、型崩れや汚れ防止の加工をすると、より美しい仕上がりが望めます。
>> 本書では、仕上げの加工が必要な作品には作り方にそれを促す表記をしていますが、それ以外は好みで行ってください。

○ それぞれのモチーフはアクセサリーに仕立てる前の、糸始末が終わって花（または花びら）や葉の形になった段階で液剤をつける。
○ 液剤をつける前にアイロンのスチームを当てて形を整え、液剤をつけたあとは乾く前にピンセットなどで細部の修正をするとよい。
○ 液剤は硬化のみ、防水のみの用途のもののほか、一度に両方の加工ができるものなどいろいろで、好みの仕上がりに合わせて選ぶとよい。

○ スプレータイプの液剤を使うときは、モチーフが飛んでしまわないように竹串やワイヤーなどにつけて行うようにする。
○ 刺しゅう糸を使ったものは風合いを損ねることもあるので、テスト用に編んだものに液剤を使ってみるとよい。
○ 液剤の使用に当たっては、必ず製品の説明に従うこと。また、肌に直接使用する場合は特に注意が必要。

【アクセサリー金具の扱い方】　>> ヤットコは、丸ヤットコと平ヤットコを1本ずつ使用する場合で解説しています。

丸カン、Cカンの開き方・閉じ方

開き方
輪の合わせ目を上にして両端をヤットコで挟み、合わせ目の端どうしを前後にずらして（左右に開くのはNG）輪を開く。
※平ヤットコを2本使うとより作業がしやすい。

閉じ方
開くときと同様に合わせ目を戻し、平ヤットコで両端を押さえて隙間をなくす。
※実際には丸カン、Cカンをほかの金具に通したり、パーツを通したりしてから閉じる。

めがね留め Tピンの場合　>> ビーズで解説。モチーフにめがね留めをする場合も同様。

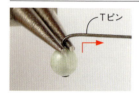

1 ビーズに通したTピンをビーズから1～2mmのところで90度曲げる。
※丸（平）ヤットコの先端でピンの脚を押さえて脚の先をもう1本のヤットコで挟んで曲げる。

2 角からすぐのところを丸ヤットコで押さえて、先端部分に添わせて半円を作るように曲げる。

3 2の曲げた部分をヤットコで挟み直し、先端部分に添わせて曲げ、輪を作る。
※めがね留めの輪をチェーンなどにつけたり、輪に丸カンやパーツを通したりするときは、このときに作業をする。

4 Tピンの脚を輪の根元に2、3周巻いてニッパーで余分を切り、平ヤットコで切った端を押さえる。
※巻きつけにくいときは輪を平ヤットコで前後から挟むとよりしっかり押さえられるので、丸ヤットコでピンの脚を持って巻くとよい。

めがね留め ワイヤーの場合　>> 横穴ビーズで解説。

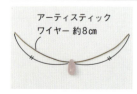

1 アーティスティックワイヤーを約8cm用意して中央にビーズを通す。

2 左右を折り上げて交差させ、すぐ上を平ヤットコで押さえて交差部分を2、3回ねじる。

3 左右のどちらかを根元で切り、残りの1本をねじった根元から90度曲げて、「Tピンの場合」の2～4と同様に作業する。
※ねじった部分を隠すようにワイヤーを巻きつける。
※細いワイヤーは手で曲げたり巻いたりの作業が可能。

編み方と仕立て方解説

それぞれの作品作りに必要な材料・道具を表記し、
作り方を図を交えて順を追って解説しています。
まずは次ページの「作り方解説の見方」を読んで
解説内容を把握してから始めましょう。

作り方解説の見方

p.56〜95の作り方解説ページに掲載している項目について、それぞれの解説内容をご紹介します。

作品名
作品掲載ページ

マトリカリアのピアス　>>p.7　/　マトリカリアのイヤリング　>>p.6

作品写真

花モチーフ
約1.3cm

材料
【ピアス】
- 花モチーフ…2個
- チェコビーズ／マロンカット（グリーン）・7mm×9mm…2個
- メタルパーツ／葉（ゴールド）・約4mm×8mm…2個
- シャワー台付きピアス金具（ゴールド）・10mm…1組
- Cカン（ゴールド）・3mm×4mm…2個
- 丸カン（ゴールド）・外径3mm…2個
- チェーン（ゴールド）・長さ約1.5cm…2本
- アーティスティックワイヤー（ノンターニッシュブラス）・#26…適量

【イヤリング】
- 花モチーフ…2個
- パールビーズ・8mm…2個
- メタルパーツ／葉（ゴールド）・約4mm×8mm…2個
- シャワー台付きイヤリング金具（ゴールド）・10mm…1組
- 丸カン（ゴールド）・外径4mm…2個
- Tピン（ゴールド）・35mm…2本

【共通】
手芸用ボンド、多用途ボンド

モチーフの材料
【ピアス】
レース糸：DMCスペシャルダンテル（黄緑／3348)、(白／B5200)…各適量

【イヤリング】
レース糸：DMCスペシャルダンテル（黄色／745)、(白／B5200)…各適量

道具
レース針：12号
はさみ、とじ針、定規、平ヤットコ、丸ヤットコ、ニッパー

作り方　＊左右の二つを作る。
【ピアス】
1. 編み方図を参照して花モチーフを編む。
   ※4段目まで花心部分を黄緑で編んだら、5段目は白に替えて花びらを編む。
   ※モチーフに仕上げの加工をする場合はp.51を参照して作業する。
2. メタルパーツに丸カンをつける(p.52参照)。
3. チェーンにチェコビーズをめがね留め(p.52参照)でつける。
4. 2と3をCカンに通したら、ピアス金具のシャワー台にCカンをつける(p.52参照)。
   ※一つは2と3を通す順番を逆にする。
5. モチーフを、白の編み始めと編み終わりの糸端でシャワー台にとめつける。糸端どうしを裏側で固結びし、結び目にボンドをつける。
6. シャワー台をピアス金具にセットし、金具のツメを倒して平ヤットコで固定する。さらにモチーフとシャワー台の間に少量のボンドをつけ、花びらの浮きを抑える。

【イヤリング】
1. 【ピアス】の1と同様に花モチーフ（花心は黄色）を編み、5、6と同様にイヤリング金具に固定する。
2. パールビーズにTピンを通してめがね留め(p.52参照)をする。
3. メタルパーツと2を丸カンに通したら、イヤリング金具につける。
   ※一つはメタルパーツと2を通す順番を逆にする。

作品のメイン材料となる編み上がったモチーフ
- 必要個数を明記しています。

モチーフまたはモチーフの一部の編み上がり写真
- 実物大数点以外、約1.4倍に拡大しています。
- 拡大のものは、70%に縮小すると原寸大に近い大きさになるため、編み上がりサイズを縮小コピーで確かめることができます。

ビーズなどの副資材とアクセサリー金具
- 種類、色、形状、必要個数を明記しています。
- 接着剤などは必要に応じて明記しています。

モチーフを編むための糸の詳細　>>p.34参照
「DMCスペシャルダンテル」とはDMC社製の80番レース糸の商品名。（　）内の数字などは色番号。
- 刺しゅう糸の場合は、同じくDMCの25番刺しゅう糸と色番号を表記しています。

作品作りに必要な道具
>>p.36参照

モチーフの編み方とアクセサリーの仕立て方を順を追って解説
- 編み方図と仕立て方のイラスト解説へと誘導しています。

- **編み方図**
  >> 記号の編み方はp.41、44〜50を参照
- **作り目をしてスタート**
  >> 作り目から1段めまでの編み方例はp.40〜43を参照

編む段を赤い数字で表記
- 図では、基本的に反時計回りに(または右から左へ)編み進みます。
- 逆方向に編み進む場合は(逆方向でなく注意が必要な場合も)矢印で方向を示しています。

このあとは糸端の始末へ　>> p.51参照
- 糸端は、モチーフをアクセサリー金具につけるときなどにも使うので、始末をする作業は作品の解説に従ってください。

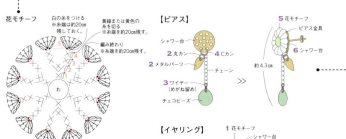

アクセサリーの仕立て方解説図
- 薄紫の数字は「作り方」の工程番号に対応しています。
- 裏側の状態や細部の仕立て方を、必要に応じて図を入れて解説しています。

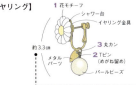

仕上がりサイズの目安

[色の替え方]　※段の変わりめで色を替える場合。前段のくさりのループに糸をつける場合を除く。綿素材の糸とかぎ針で解説。

1 段の編み終わりに、1目めに引き抜くときに新たな糸を用意して針にかける。

2 引き抜き編みをして色を替える前の段が編めたところ。次の段の1目めから色が替わる。

モチーフのポイントとなる編み方解説
- 必要に応じて、編み方図の中でわかりづらい箇所などをプロセス写真を交えて詳しく紹介しています。
- 糸とレース針は実際のものではなく、わかりやすいように大きいサイズで異なる色のものを使っています。

マトリカリアのピアス >> p.7 ／ マトリカリアのイヤリング >> p.6

花モチーフ

約1.3cm

材料
【ピアス】
花モチーフ…2個
チェコビーズ／マロンカット（グリーン）・
　7mm×9mm…2個
メタルパーツ／葉（ゴールド）・約4mm×8mm…2個
シャワー台付きピアス金具（ゴールド）・10mm…1組
Cカン（ゴールド）・3mm×4mm…2個
丸カン（ゴールド）・外径3mm…2個
チェーン（ゴールド）・長さ約1.5cm…2本
アーティスティックワイヤー
　（ノンターニッシュブラス）・#26…適量
【イヤリング】
花モチーフ…2個
パールビーズ・8mm…2個
メタルパーツ／葉（ゴールド）・約4mm×8mm…2個
シャワー台付きイヤリング金具（ゴールド）・10mm…1組
丸カン（ゴールド）・外径4mm…2個
Tピン（ゴールド）・35mm…2本
【共通】
手芸用ボンド、多用途ボンド

モチーフの材料
【ピアス】
レース糸：DMC スペシャルダンテル
　（黄緑／3348）、（白／B5200）…各適量
【イヤリング】
レース糸：DMC スペシャルダンテル
　（黄色／745）、（白／B5200）…各適量

道具
レース針：12号
はさみ、とじ針、定規、平ヤットコ、丸ヤットコ、ニッパー

作り方　＊左右の二つを作る。
【ピアス】
1　編み方図を参照して花モチーフを編む。
　※4段目まで花心部分を黄緑で編んだら、5段目は白に替えて花びらを編む。
　※モチーフに仕上げの加工をする場合はp.51を参照して作業する。
2　メタルパーツに丸カンをつける（p.52参照）。
3　チェーンにチェコビーズをめがね留め（p.52参照）でつける。
4　2と3をCカンに通したら、ピアス金具のシャワー台にCカンをつける（p.52参照）。
　※一つは2と3を通す順番を逆にする。
5　モチーフを、白の編み始めと編み終わりの糸端でシャワー台にとめつける。糸端どうしを裏側で固結びし、結び目にボンドをつける。
6　シャワー台をピアス金具にセットし、金具のツメを倒して平ヤットコで固定する。さらにモチーフとシャワー台の間に少量のボンドをつけ、花びらの浮きを抑える。

【イヤリング】
1　【ピアス】の1と同様に花モチーフ（花心は黄色）を編み、5、6と同様にイヤリング金具に固定する。
2　パールビーズにTピンを通してめがね留め（p.52参照）をする。
3　メタルパーツと2を丸カンに通したら、イヤリング金具につける。
　※一つはメタルパーツと2を通す順番を逆にする。

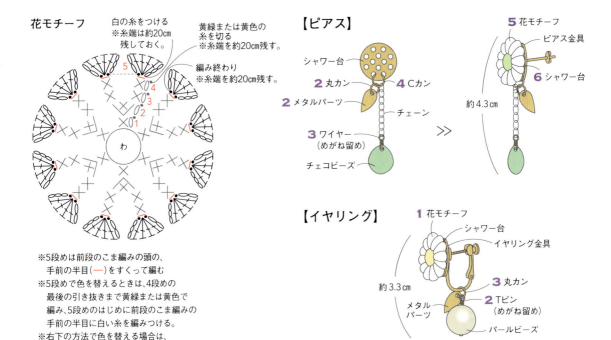

※5段めは前段のこま編みの頭の、
　手前の半目（—）をすくって編む
※5段めで色を替えるときは、4段めの
　最後の引き抜きまで黄緑または黄色で
　編み、5段めのはじめに前段のこま編みの
　手前の半目に白い糸を編みつける。
※右下の方法で色を替える場合は、
　1 のときに4段めの1目めの手前の半目を
　すくって編む。
　5段めの一つめの花びらは、
　前段の引き抜き目に針を入れて
　手前の半目と一緒に編む。
※モチーフを編み終えたら、黄緑または
　黄色の編み終わりの糸端をとじ針に通し、
　裏側4段めの頭の残りの半目の糸を
　すくって花心を絞る。
※花心を絞る前に余り糸や手芸綿を
　詰めてもよい。

[色の替え方]　※段の変わりめで色を替える場合。前段のくさりのループに
　　　　　　　糸をつける場合を除く。綿素材の糸とかぎ針で解説。

1 段の編み終わりに、1目めに引き抜くときに新たな糸を用意して針にかける。

2 引き抜き編みをして色を替える前の段が編めたところ。次の段の1目めから色が替わる。

ハナミズキのネックレス　>> p.8

材料
花モチーフ…3個
特小ビーズ（シルバーメタリック）…45個
スワロフスキービーズ／二つ穴（透明）・直径14mm…2個
スカシパーツ大（ゴールド）・直径15mm…3個
スカシパーツ小（ゴールド）・直径8mm…4個
丸カン（ゴールド）・外径3.5mm…12個
Cカン（ゴールド）・a3.5mm×4.5mm…4個、
　b3.5mm×5mm…2個
チェーン（ゴールド）・長さ14.5cm…2本
アジャスター（ゴールド）・約7cm…1本
カニカン（ゴールド）・約5mm×10mm…1個
2号テグス（透明）…適量
多用途ボンド
仕上げ加工剤（p.51参照）

モチーフの材料
レース糸：DMC スペシャルダンテル
　（白／B5200）…適量

道具
レース針：12号
はさみ、とじ針、ビーズ通し針、定規、平ヤットコ、丸ヤットコ※平ヤットコ2本でもよい。

作り方
1. 編み方図を参照して花びらモチーフを3個編み、仕上げの加工をしておく（p.51参照）。
2. 糸に特小ビーズを通し、編み方図を参照してビーズを15個ずつ編み込みながら花モチーフの花心を3個編む。
3. 花びらモチーフの中央に、花心をビーズのある面を表側にして残した糸端で縫いつける。
4. テグスをとじ針に通してスカシパーツ大に3の花モチーフをそれぞれ縫いつける。テグスは端どうしをモチーフとスカシパーツの間に出して固結びし、結び目にボンドをつける。
5. 4とスカシパーツ小を丸カンで、ビーズとそれぞれの金具をCカンaとbでつなぐ（p.52参照）。

花びらモチーフ（実物大）

花心
約0.6cm

［ビーズの編み込み方］
※作品とは別のビーズと糸、かぎ針で解説。

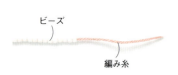

1. ビーズ通し針を使って全部のビーズを糸に通す。一つのモチーフに編み込む分だけ糸端側に移動させる。

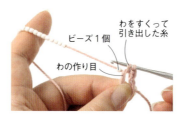

2. わの作り目をして、1段めの1目のこま編みを途中まで編んだらビーズ1個を作り目の際まで寄せる。

〈1段めの裏側〉

3. こま編み1目を編んだところ。目の裏側にビーズが編み込まれる。同様に1目ずつビーズを編み込んでいく。

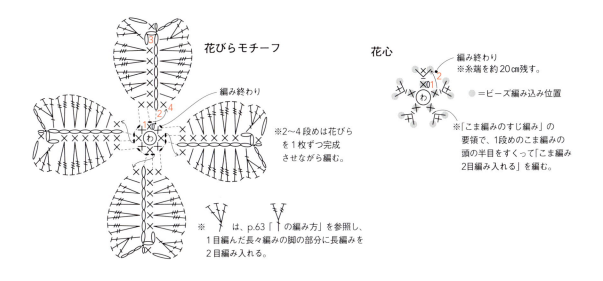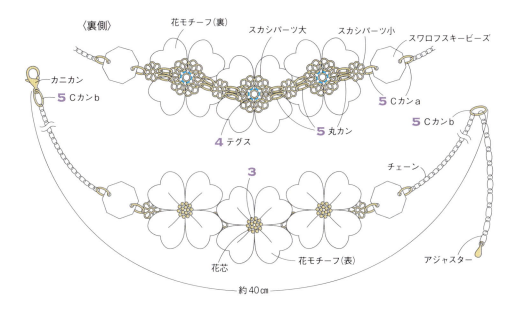

カンパニュラのイヤーフック >> p.14

花モチーフ

約1.3cm

材料
花モチーフ…9個
チェコビーズ／しずく形横穴（ピンク）・
　a5mm×7mm…6個、b6mm×9mm…4個
コットンパール（白）・6mm…9個
銅玉（ゴールド）・2mm…18個
Tピン（ゴールド）・35mm…9本
アーティスティックワイヤー（ノンターニッシュブラス）・
　#26…適量
チェーン（ゴールド）・長さ／A約1.3cm、B約4.3cm、
　C約6.8cm…各1本
丸カン（ゴールド）・外径3.5mm…7個
イヤーフック金具／5カン付き（ゴールド）・
　約33mm×56mm…1個

モチーフの材料
レース糸：DMC スペシャルダンテル
　（薄ピンク／818）…適量

道具
レース針：12号
はさみ、とじ針、定規、丸ヤットコ、平ヤットコ、ニッパー

作り方
1. 編み方図を参照して花モチーフを9個編む。
　※モチーフは表側を外側に向ける。
　※モチーフに仕上げの加工をする場合はp.51を参照して作業する。
2. Tピン1本ずつに銅玉2個とコットンパールを通し、モチーフそれぞれの編み始めの「わ」に内側から通す。
3. 2の4つはTピンを外側でめがね留めにする(p.52参照)。
4. チェーンそれぞれに3の残りのモチーフとチェコビーズa、bをめがね留めでつける。
5. 3と4を丸カンでイヤーフック金具のカンにつける(p.52参照)。

花モチーフ

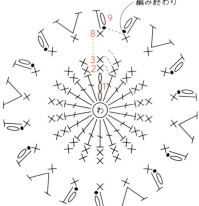

※1～8段めは18目を編むが、
　段の最後に引き抜き編みをせず、
　ぐるぐると続けて編む。

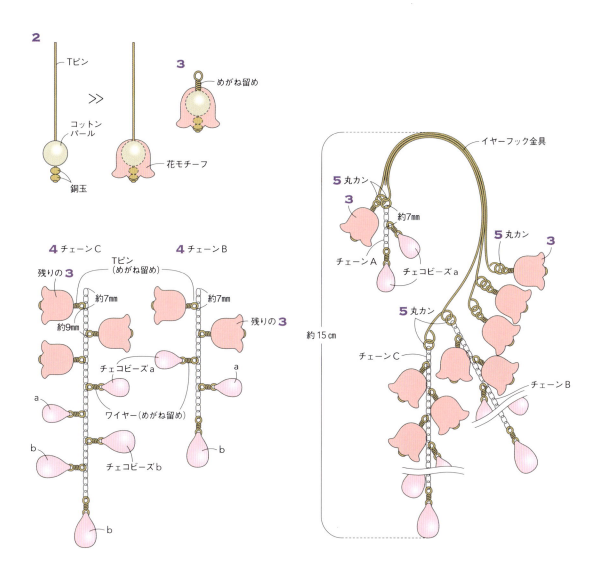

紫陽花のネックレス＆イヤリング >> p.16 ／ 秋色紫陽花のピアス >> p.17

材料
【ネックレス】
花モチーフ…3個
クリスタルビーズ／しずく形（ブルー）・
　9mm×15mm…1個
チェコビーズ／ファイアポリッシュ（白）・4mm…4個
ヒキモノリング／マーキス形（ゴールド）・
　約11mm×16mm…1個
丸カン（ゴールド）・a外径3.5mm…1個、b外径4mm…2個
Tピン（ゴールド）・35mm…7本
銅玉（ゴールド）・2mm…3個
甲丸バチカン（ゴールド）・2.5mm×5mm…1個
アーティスティックワイヤー（ノンターニッシュプラス）・
　#26…適量
ネックレスチェーン／留め具付き（ゴールド）・
　長さ約45cm…1組

【イヤリング】、【ピアス】
※〔　〕内はピアスの場合。
花モチーフ…6個
クリスタルビーズ／しずく形（ブルー〔グレー〕）・
　9mm×15mm…2個
チェコビーズ／ファイアポリッシュ（白〔薄紫〕）・
　4mm…8個
ヒキモノリング／マーキス形（ゴールド）・
　約11mm×16mm…2個
丸カン（ゴールド）・a外径3.5mm…6個、b外径4mm…4個
Tピン（ゴールド）・35mm…14本
銅玉（ゴールド）・2mm…6個
アーティスティックワイヤー（ノンターニッシュプラス）・
　#26…適量
イヤリング金具〔ピアス金具〕（ゴールド）…1組
【共通】
仕上げ加工剤（p.51参照）

モチーフの材料
【ネックレス】、【イヤリング】
レース糸：DMCスペシャルダンテル
　（水色／800）…各適量
【ピアス】
レース糸：DMCスペシャルダンテル
　（薄紫／210）、（灰緑／927）…各適量

道具
レース針：12号
はさみ、とじ針、定規、平ヤットコ、丸ヤットコ、
ニッパー

花モチーフ

約1.4cm

花モチーフ
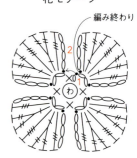

作り方

【ネックレス】

1. 編み方図を参照して花モチーフを3個編み、仕上げの加工をしておく（p.51参照）。
2. p.64を参照してTピンに銅玉を通す。花モチーフの中央に1のTピンを通してめがね留めをする（p.52参照）。
   ※めがね留めは、輪の部分が大きくなりすぎたり巻きとめる部分が長くなりすぎたりすると、でき上がったときに花モチーフが下を向いてしまうので、注意して作業する。
3. チェコビーズはTピンを通し、クリスタルビーズはワイヤーを通して、それぞれめがね留めをする。
4. 3のパーツをbの丸カンでつなぐ（p.52参照）。
5. 2の花モチーフのパーツと4をbの丸カンでつなぐ。
6. 5とヒキモノリングをaの丸カンでつなぐ。
7. チェーンに甲丸バチカンで6をつなぐ

【イヤリング】　＊左右の二つを作る。

1. 【ネックレス】の1〜6と同様に作るが、花モチーフは6個編む。
   ※5のときに一つは4を真ん中の花モチーフパーツの左側に入れると（【ピアス】の図参照）、左右でバランスのよいイヤリングに仕上がる。
2. 1の上側にaの丸カンを2個つなぎ、イヤリング金具につなぐ。

【ピアス】　＊左右の二つを作る。

1. 編み方図を参照して花モチーフを薄紫で4個、灰緑で2個編み、仕上げの加工をする（p.51参照）。
2. 【ネックレス】の2、3と同様にパーツを作る。
3. 2のビーズのパーツとヒキモノリングをbの丸カンでつなぐ（p.52参照）。
4. 3のヒキモノリングにaの丸カンをつなぐ。
5. 2の花モチーフパーツと4をbの丸カンでつなぐ。
6. 5の上側にaの丸カンを2個つなぎ、ピアス金具につなぐ。

[の編み方]

※作品とは別の糸とかぎ針で、立ち上がりのくさり目と、前段のくさりのループをすくって三つ巻き長編みを1目編んだところからを解説。

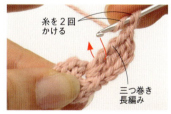

1. もう1目三つ巻き長編みを編み、針に糸を2回かけて三つ巻き長編みの脚の糸2本を矢印のようにすくう。

2. 糸を引き出して、長々編みの要領で編む。

3. 編み終わったところ。途中から2目に分かれ、Y字のようになる。

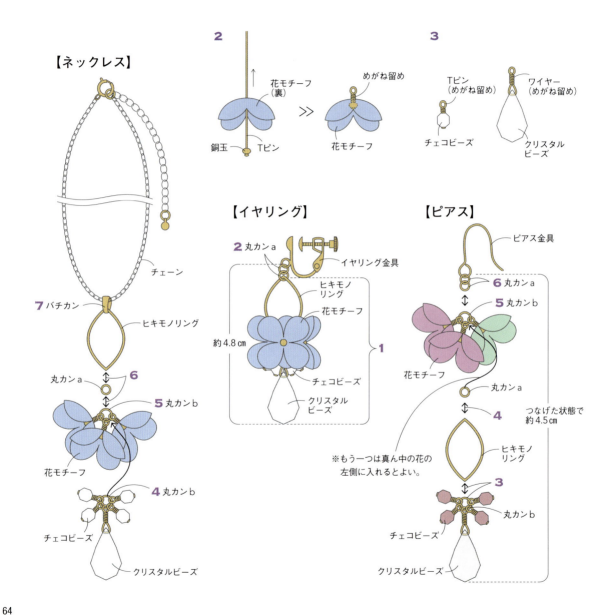

小花とベビーティアーズのバレッタ　>> p.10 ／ 桃色小花のヘアピン　>> p.11

花モチーフ

A

約 1.4 cm

B

約 1.3 cm

C

約 1.2 cm

葉モチーフ

約 1.5 cm

約 1 cm

材料
【バレッタ】
花モチーフA…1個
花モチーフB…2個
花モチーフC…2個
葉モチーフ…ⓐ5個、ⓑ2個
バレッタ金具（シルバー）・長さ8cm…1個
多用途ボンド
【ヘアピン】
花モチーフA…1個
花モチーフB…1個
葉モチーフ…ⓑ1個
シャワー台つきヘアピン金具（シルバー）・直径13mm…1個

モチーフの材料
【バレッタ】
レース糸：DMCスペシャルダンテル
　（紫／553）、（白／B5200）、
　（灰ピンク／153）、（薄紫／210）、
　（黄緑／3348）…各適量
【ヘアピン】
レース糸：DMCスペシャルダンテル
　（ローズピンク／3688）、（白／B5200）、
　（薄ピンク／818）、（黄緑／3348）…各適量

道具
レース針：12号
はさみ、とじ針、定規

作り方
【バレッタ】
1　p.66の編み方図を参照して花モチーフ・Aを1個、BとCを各2個、指定の色で編む。
　※Aの2段めとBの色の替え方は、p.57を参照する。
2　p.67の編み方図を参照して葉モチーフを黄緑で編み、ベビーティアーズの葉モチーフを長短（ⓐ、ⓑ）2種作る。
　※ⓐは12模様で5個、ⓑは3模様で2個編む。
　※1と2のモチーフに仕上げの加工をする場合はp.51を参照して作業する。
3　花モチーフのまわりに葉モチーフⓐを編み終わりの糸端で縫いつける。
4　3を並べて縫い合わせ、葉モチーフⓑを縫いとめる。
5　4をバレッタ金具に縫いつけてボンドで固定する。

【ヘアピン】
1　p.66の編み方図を参照して花モチーフ・AとBを各1個編む。
2　p.67の編み方図を参照してベビーティアーズの葉モチーフⓑを3模様分編む。
　※1と2のモチーフに仕上げの加工をする場合はp.51を参照して作業する。
3　ヘアピン金具のシャワー台に1と2を編み終わりの糸端で縫いつける。

次ページへ続く

花モチーフ

A

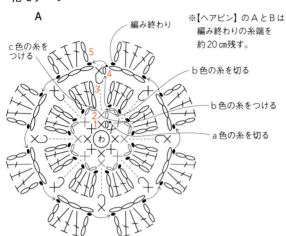

※【ヘアピン】のAとBは編み終わりの糸端を約20㎝残す。

【バレッタ】
1段め　a色：紫
2段め　b色：白
3〜5段め　c色：灰ピンク

【ヘアピン】
1段め　a色：ローズピンク
2段め　b色：白
3〜5段め　c色：薄ピンク

B

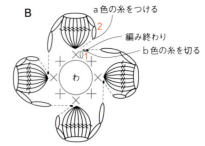

【バレッタ】
1段め　b色：白
2段め　a色：紫

【ヘアピン】
1段め　b色：白
2段め　a色：ローズピンク

C

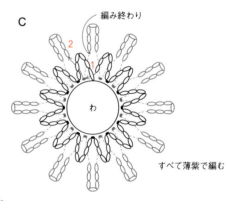

すべて薄紫で編む

[⌒ の編み方]　※作品とは別の糸とかぎ針で、4段めのはじめの編み方を解説。

1 立ち上がりのくさり1目のあと、2段めのこま編みの脚を、後ろから針で引っ掛けるようにすくう。

2 針に糸をかけ、後ろに引き出す。こま編みを完成させるのと同様に、針に糸をかけて引き抜く。

3 こま編みの脚が2段めの編み目に裏側から巻きついた「こま編みの裏引き上げ編み目」ができる。

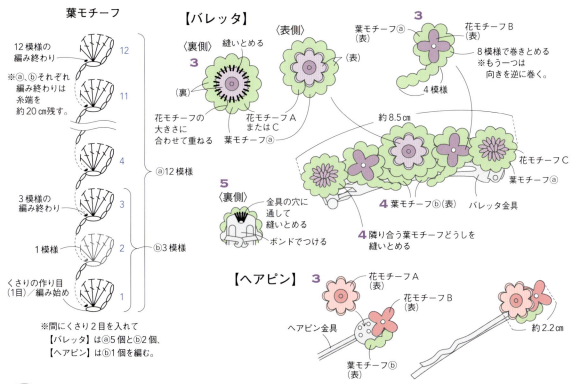

[🧶 の編み方] ※作品とは別の糸とかぎ針で解説。

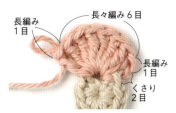

1 くさり2目を編んだら、編み方図のとおりに長編みと長々編みを編み、ループを広げて針を外す。

2 右の長編みの頭の下に針を入れ、外したループに戻す。引き締めたループを長編みの頭に引き抜く。

3 くさりを1目編んで完成。

ブルーデイジーとシロツメクサのブレスレット　>> p.21

材料
デイジーモチーフ…1個
シロツメクサモチーフ・花…2個
シロツメクサモチーフ・三つ葉…4個
Cカン（シルバー）・3mm×4mm…2個
チェーン（シルバー）・長さ約18cm…1本
アジャスター（シルバー）・約6cm…1本
カニカン（シルバー）・約5mm×9mm…1個

モチーフの材料
レース糸：DMCスペシャルダンテル
　（黄色／745）、（ブルー／799）、（白／B5200）、
　（黄緑／3348）、（緑／3347）…各適量

道具
レース針：12号
はさみ、とじ針、定規、平ヤットコ、丸ヤットコ※平ヤットコ2本でもよい。

作り方
1 編み方図を参照してデイジーモチーフの花を1枚編む。
　※2段めまで黄色で編み、3段めはブルーに替えて編む。
2 編み方図を参照してデイジーモチーフの土台をブルーで1枚編む。編み終わりの糸端で **1** に縫いつける。
3 編み方図を参照してシロツメクサモチーフ・花を2個分編む。
　※花びらAは黄緑で2枚、Bは白で4枚、Cは白で6枚編む。
　※花びらを1枚ずつp.70の図の順に重ね、中心どうしを縫いとめる。
4 編み方図を参照してシロツメクサモチーフ・三つ葉を4個分編む。
　※1段めは黄緑、2段めは白、3段めは緑に替えて葉を12枚編む。葉を3枚ずつ縫い合わせてつなぐ。
　※**2**〜**4**のモチーフに仕上げの加工をする場合はp.51を参照して作業する。
5 チェーンの中央にデイジーモチーフを縫いとめる。デイジーモチーフの両脇にシロツメクサモチーフの三つ葉と花を図のように縫いとめる。
　※それぞれ切らずに残しておいた糸端で縫いとめる。
6 チェーンの端にカニカンとアジャスターをCカンでつなぐ（p.52参照）。

デイジーモチーフ・花

約3cm

シロツメクサモチーフ・花

花びらB

約1.1cm

花びらC
約1.6cm

花びらA

約0.8cm

シロツメクサモチーフ・三つ葉

約1.2cm

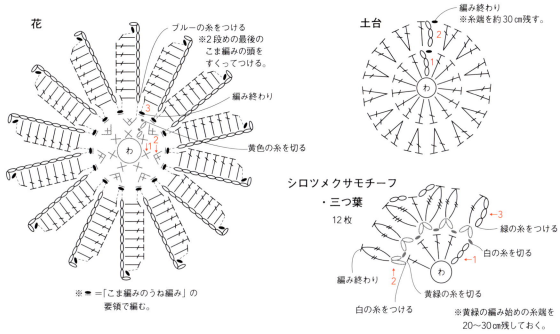

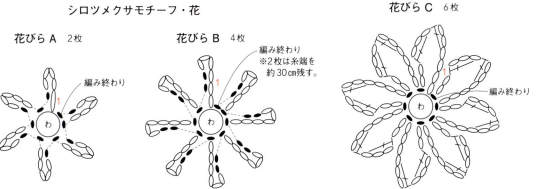

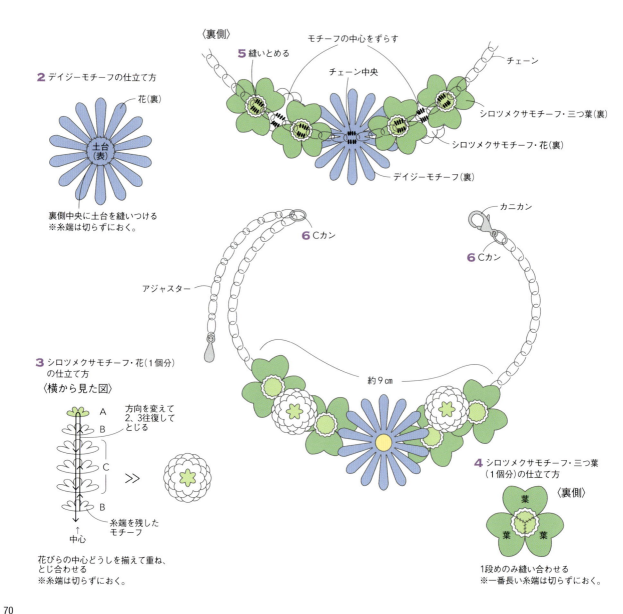

フラワーリースのペンダント／ブローチ >> p.18

※モチーフのサイズは p.74を参照。

材料
バラモチーフ大 … 1個
バラモチーフ中 … 1個
バラモチーフ小 … 4個
小花モチーフ … 8個
葉モチーフ … 7個
パールビーズ（白）・2mm … 19個、3mm … 9個
バラ形樹脂粘土パーツ（オフホワイト／葉付き）・
　直径約10mm … 1個
ラインストーン付き花形メタルパーツ（ゴールド）・
　直径約9mm … 1個
ツメ付きラインストーン／四つ穴（クリスタル）・
　3mm、4mm … 各1個
ウッドリング（ナチュラル）・外径4cm … 1個
コットントーションレース（白）・幅1cm … 80cm
コットンレースモチーフ（白）… 好みのもの5個
　（p.75参照）
ネックレスチェーン／留め具付き（ゴールド）・
　長さ約50cm … 1本
バチカン付きブローチピン（ゴールド）・28mm … 1個
ビーズステッチ糸 … 適量
手芸用ボンド、多用途ボンド、仕上げ加工剤（p.51参照）

モチーフの材料
レース糸：DMC スペシャルダンテル
　（白／B5200）、（ピンク系段染め／48）、
　（グリーン系段染め／92）… 各適量

道具
レース針：14号
はさみ、とじ針、定規、ビーズ針、ビーズ通し針、
ピンセット、筆

作り方
※ボンドは、モチーフやレースなどの糸と布素材、ウッドリングの接着には手芸用、それ以外には多用途を使う。

1 p.72の編み方図を参照してバラモチーフは白、小花モチーフはピンク系の段染め、葉モチーフはグリーン系の段染めで編む。
　※p.73を参照してバラモチーフは巻きバラに仕立てる。
　※小花モチーフは7個にパールビーズ2mmをつける。
　※p.51を参照してモチーフに仕上げの加工をする。葉モチーフは、筆を使って裏側にボンドでのりづけしてもよい。

2 ビーズなしの小花モチーフの中央にラインストーン4mmをビーズ針で縫いつけ、そのまわりにパールビーズ2mmを9個縫いつける。

3 トーションレースを、ボンドをつけながらウッドリングの表面全体に巻きつける。

4 バラを配置する部分にレースモチーフを貼り、土台を作る。
　※土台全体に防水・防汚加工をするとよい。

5 ピンセットを使ってレースモチーフの土台にバラとバラ形パーツ、葉を貼る。

6 リングの残り部分に、残りの葉、**1**と**2**の小花モチーフ、メタルパーツを貼る。

7 土台のレースモチーフに残りのパールビーズとラインストーン3mmをビーズ針で縫いつける。

8 リングの裏側にバランスを見てブローチピンを貼り、バチカンにチェーンを通す。

小花モチーフ

バラモチーフ

※編み始めの糸端は約20cm残しておく。
※2段めが裏を向いている面を編み地の表側にする。

小

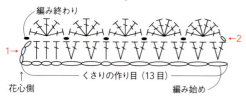

葉モチーフ

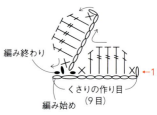

中

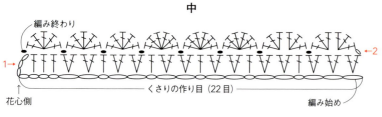

大

1 巻きバラの仕立て方

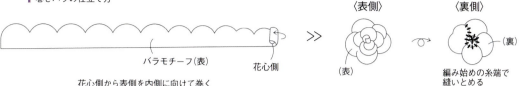

花心側から表側を内側に向けて巻く

〈表側〉 〈裏側〉

編み始めの糸端で縫いとめる

1 ビーズつき小花モチーフの仕立て方

パールビーズ2mm
小花モチーフ(表)
ビーズステッチ糸
ビーズ針

小花モチーフの表側でビーズステッチ糸にビーズを通してからモチーフの裏側で糸どうしをしっかり結んでとめる

2 飾りつき小花モチーフの仕立て方

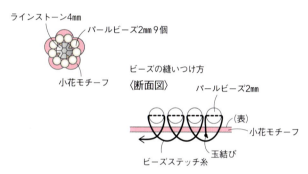

ラインストーン4mm
パールビーズ2mm 9個
小花モチーフ

ビーズの縫いつけ方
〈断面図〉
パールビーズ2mm
(表)
小花モチーフ
ビーズステッチ糸
玉結び

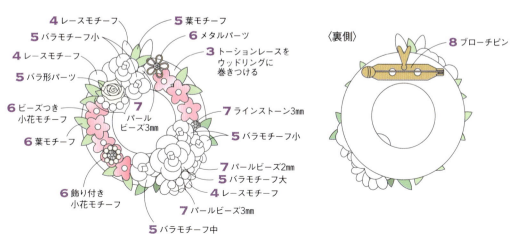

4 レースモチーフ
5 葉モチーフ
5 バラモチーフ小
6 メタルパーツ
4 レースモチーフ
3 トーションレースをウッドリングに巻きつける
5 バラ形パーツ
6 ビーズつき小花モチーフ
7 パールビーズ3mm
7 ラインストーン3mm
6 葉モチーフ
5 バラモチーフ小
7 パールビーズ2mm
5 バラモチーフ大
4 レースモチーフ
6 飾り付き小花モチーフ
7 パールビーズ3mm
5 バラモチーフ中

〈裏側〉
8 ブローチピン

花飾りのフォトフレーム　>> p.19

バラモチーフ大
約1.3cm

中
約1.1cm

小
約0.8cm

小花モチーフ
約0.8cm

葉モチーフ

約1.3cm

材料

バラモチーフ大…1個
バラモチーフ中…2個
バラモチーフ小…3個
小花モチーフ…16個
葉モチーフ…12個
パールビーズ(白)・2mm…25個、3mm…14個、4mm…1個
パールビーズ(クリーム色)・2mm…18個、3mm…2個、
　4mm…4個
バラ形樹脂粘土パーツ(オフホワイト/葉付き)・
　直径約10mm…1個
ラインストーン(クリスタル/のり貼り用)・
　直径2mm…4個
ツメ付きラインストーン(クリスタル)・4mm…4個、
　5mm…1個
コットンレースモチーフ(オフホワイト)…好みのもの5個
　(右ページ参照)
木製フォトフレーム(ナチュラル)・7.5cm四方…1個
ビーズステッチ糸
手芸用ボンド、多用途ボンド、仕上げ加工剤(p.51参照)

モチーフの材料
レース糸：DMC スペシャルダンテル
　(淡ベージュ/712)、(茶系の段染め/105)、
　(モスグリーン系段染め/94)…各適量

道具
レース針：14号
はさみ、とじ針、定規、ビーズ針、ビーズ通し針、
ピンセット、筆

作り方

※ボンドは、モチーフやレースなどの糸と布素材、フレームの接着には手芸用、それ以外には多用途を使う。

1 p.72の編み方図を参照してバラモチーフは淡ベージュ、小花モチーフは茶系の段染め、葉モチーフはモスグリーン系の段染めで編む。
※p.73の **1** と同様にバラモチーフを巻きバラに仕立て、小花モチーフにパールビーズ(白)2mmをつける。
※p.51を参照してモチーフに仕上げの加工をする。葉モチーフは、筆を使って裏側にボンドでのりづけしてもよい。

2 フォトフレームの、バラを配置する部分にレースモチーフを貼り、土台を作る。
※土台全体に防水・防汚加工をするとよい。

3 ピンセットを使ってレースモチーフの土台にバラとバラ形パーツ、葉を貼る。

4 フレームの残り部分に葉、小花モチーフ、ツメ付きラインストーンを貼る。4箇所のツメ付きラインストーンにはまわりにパールビーズを貼る。

5 ラインストーン(のり貼り用)をフレームに貼る。

6 残りのパールビーズを土台のレースモチーフに貼る。

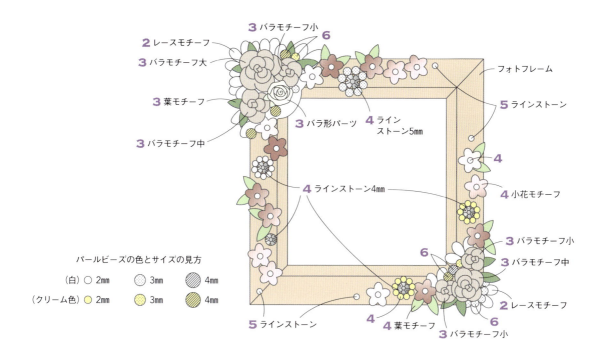

[p.71〜75に使用している副資材] ※パールビーズを除く主なもの。

上から時計回りに
ウッドリング (p.71)、コットンレースモチーフ、
コットントーションレース (p.71)

左上から反時計回りに
バラ形樹脂粘土パーツ、ラインストーン付き花形メタルパーツ (p.71)、ツメ付きラインストーン／四つ穴、バチカン付きブローチピン (p.71)

ジニアのブローチ　>> p.22

花モチーフ（実物大）

材料
花モチーフ …1個
ビーズ（ピンク）・直径8mm…1個
オーガンジー（白）・a15cm×1.5cm…2枚、
　b15cm×3cm…1枚、c直径4cmの円形…4枚
ブローチピン（金古美）・25mm…1個
縫い糸
ビーズステッチ糸
手芸用ボンド

モチーフの材料
レース糸：DMC スペシャルダンテル
　（ピンク／761）、（ECRU）…各適量

道具
レース針：10号
はさみ、とじ針、縫い針、ビーズ針、定規

作り方
1. 編み方図を参照して花モチーフを編む。
　※8段目までピンクで編み、9〜13段目はECRUに替えて編む。
　※モチーフに仕上げの加工をする場合はp.51を参照して作業する。
2. 花モチーフの中央にビーズを縫いつける。
3. aのオーガンジーの下端と二つ折りにしたbのオーガンジーの下端をぐし縫いし、aには1cm間隔に切り込みを入れてそれぞれ丸く縫い縮める。
4. 3を、形を整えながら重ねて縫い、中央に2の花モチーフをのせて縫いとめる。
5. cのオーガンジーを重ねてボンドで軽く貼り合わせ、直径3.5cmにまわりを切り揃えて土台にし、4をボンドで貼る。
6. 裏側にブローチピンを縫いつける。

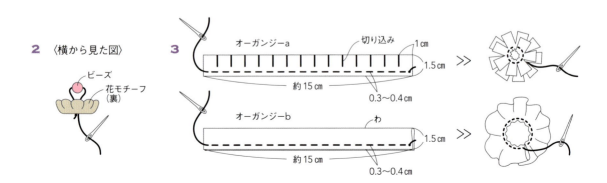

花モチーフ

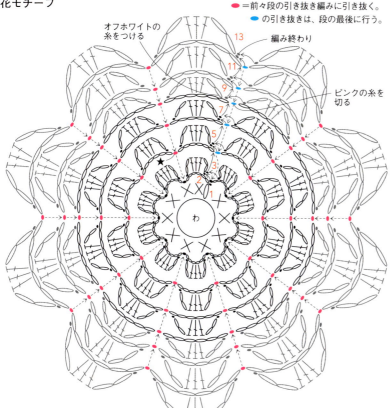

オフホワイトの糸をつける
編み終わり
ピンクの糸を切る
● =前々段の引き抜き編みに引き抜く。
● の引き抜きは、段の最後に行う。

[● の引き抜き目の編み方]

※作品とは別の糸とかぎ針で、4段めのはじめの引き抜き目(★)を解説。

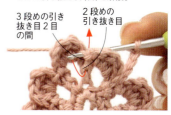

3段めの引き抜き目2目の間
2段めの引き抜き目

1 3段めの、隣り合う引き抜き目の間に後ろから針先を通し、2段めの引き抜き目をすくう。

2段めの引き抜き目

2 2段めの引き抜き目をすくったところ。後ろ側に針と糸が見える。続けて針に糸をかけ、引き抜く。

くさり6目のループ

3 引き抜いたところ。後ろ側にくさり6目のループができる。

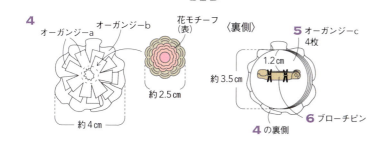

4
オーガンジーa
オーガンジーb
花モチーフ(表)
約2.5cm
〈裏側〉
5 オーガンジーc 4枚
1.2cm
約3.5cm
6 ブローチピン
4の裏側
約4cm

ミルキーカラーの小花チョーカー　>> p.23

材料
花モチーフA…3個
花モチーフB…4個
コード編みブレード（オフホワイト）・幅12mm…31cm
ひも留め金具（シルバー）・10mm…2個
アジャスター（シルバー）・約6cm…1本
カニカン（シルバー）・約5mm×9mm…1個
Cカン（シルバー）・3.5mm×5mm…3個
多用途ボンド

モチーフの材料
レース糸：DMCスペシャルダンテル（ECRU）…適量

道具
レース針：12号
はさみ、とじ針、定規、平ヤットコ、丸ヤットコ※平ヤットコ2本でもよい。

作り方
1. 編み方図を参照して花モチーフA3個とB4個を編む。
   ※モチーフに仕上げの加工をする場合はp.51を参照して作業しておく。
2. ブレードの両端にボンドをつけてひも留め金具をつける。
3. ひも留め金具それぞれにカニカン、アジャスターをCカンでつける（p.52参照）。
4. モチーフをブレードにつける。

花モチーフ

約1.5cm

作り目の編み方

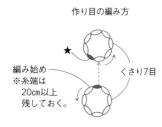

編み始め
※糸端は20cm以上残しておく。
くさり7目
※くさり7目で輪を作り、続けてくさり7目の輪をもう一度作る。

花モチーフ A・B

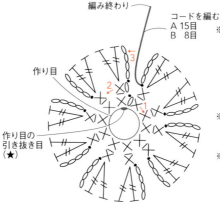

編み終わり
コードを編む
A 15目
B 8目
作り目
作り目の引き抜き目（★）

※Aの編んでいたほうの糸端は約20cm残しておく。

※1段めは、作り目の輪を二重にして、わの作り目に編むのと同じ要領で（p.42参照）編む。
※2段めで編み地を裏返し、「こま編みのうね編み」を編む。

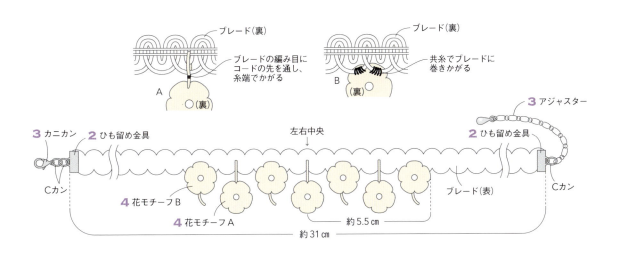

[コードの編み方] ※作品とは別の糸とかぎ針で解説。3段めの編み終わりに続けて編む。

1 編み始めの糸端を編み地の後ろから引き上げて針にかけ、表側に下ろす。糸を針にかけてループごと引き抜く。

2 1と同様に、編み始めの糸端を針にかけて引き抜く。これを繰り返し、指定の目数を編む。

3 最後まで編んだら糸を切り、針にかかっているループを広げて糸端を引き出す。

若葉のカチューシャ >> p.24 ／ 赤い実のヘアコーム >> p.25

材料
【カチューシャ】
葉モチーフ…2色合わせて約26cm分
編み玉…各色好みの数
カチューシャ金具・幅4mm…1本
オーガンジー(白)…70cm×1cm
多用途ボンド、手芸用ボンド

【ヘアコーム】
葉モチーフ…約8cm分
編み玉(実モチーフ)…好みの数
ヘアコーム金具・7.5cm×4cm…1本

モチーフの材料
【カチューシャ】
刺しゅう糸：DMC25番刺しゅう糸
　(草色／733)、(濃ベージュ／422)、(ピンク／761)、
　(クリーム色／3855)、(サックスブルー／3752)…
　各適量

【ヘアコーム】
刺しゅう糸：DMC25番刺しゅうラメ糸
　(シルバー／E168)、(ルビー／E301)…各適量

道具
レース針：8号
はさみ、とじ針、メジャー

葉モチーフ

約2cm

編み玉

約0.5cm

作り方
【カチューシャ】
1. 編み方図を参照して、糸2本を引き揃えて葉モチーフと編み玉をそれぞれ編む。
　※葉は指定の色を好みの配色で一つずつ編みつなげて約26cm(またはカチューシャ金具に合った長さ)にする。
　※編み玉は指定の色で好みの数を編む。
　※モチーフに仕上げの加工をする場合はp.51を参照して作業する。
2. 金具にボンドをつけてオーガンジーを巻きつけて密着させる。
3. 編みつなげた葉モチーフを2の中央に合わせてボンドでとめる。
　※どちらか1色の葉の糸2本取りでオーガンジーに縫いつけてもよい。
4. 編み玉を好みの位置に編み終わりの糸端で縫いつける。

【ヘアコーム】
1. 編み方図を参照して、糸2本を引き揃えて葉モチーフと編み玉を編む。
　※葉は一つずつ編みつなげて約8cm(またはヘアコーム金具に合った長さ)にする。
2. 編みつなげた葉モチーフをシルバーの糸2本取りで金具にかがりつける。
3. 編み玉を好みの位置に編み終わりの糸端で縫いつけ、赤い実に見立てる。

葉モチーフ

【カチューシャ】草色、濃ベージュ
【ヘアコーム】シルバー

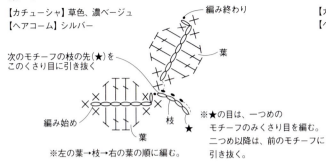

編み玉

【カチューシャ】ピンク、クリーム色、サックスブルー
【ヘアコーム】ルビー

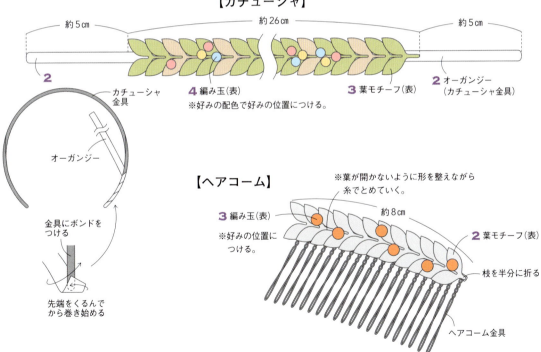

ラナンキュラスのコサージュ　>> p.26

材料
花モチーフ大…1個
花モチーフ小…2個
コード…6本
ペップ（レモン色）・小さめの好みのもの…4本
シャワー台付きブローチ金具（シルバー）・
　直径30mm…1個
手芸用ボンド

モチーフの材料
刺しゅう糸：DMC25番刺しゅう糸
　（オフホワイト／3865）、（生成り／3866）、
　（アイボリー／712）…各適量

道具
レース針：6号
はさみ、とじ針、定規、平ヤットコ

作り方
1. 編み方図と右ページの表を参照して花びらモチーフA〜Dを、指定の色で指定の数を編む。
　※花モチーフ大は混色で、小は同色2種で各1個分編む。
2. 編み方図を参照してコードをアイボリーで6本編む。
　※1のモチーフとコードに仕上げの加工をする場合はp.51を参照して作業する。
3. 1の花びらをA〜Dの順に内側からずらして重ねながら、Aの編み終わりに残した糸端で根元側を縫いとめて、花モチーフ大1個と小2個を作る。
　※大のみ、中心にペップ4本を二つ折りにし、ボンドをつけて差し込む。
4. p.84を参照して3の花モチーフをブローチ金具のシャワー台に縫いつける。
5. コードをシャワー台に縫いつける。台座のツメを倒して平ヤットコで固定する。

花びらモチーフ

A

約1.7cm

B、B'

約1.1cm

C、C'

約1.3cm

D

約1.6cm

コード

玉編み4個
＝
約2.3cm

花びらA
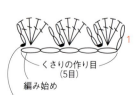
くさりの作り目
（5目）
編み始め
編み終わり
※糸端を約30cm残す。

花びらB、B'

編み終わり
わ

3 花モチーフの仕立て方

花モチーフ大

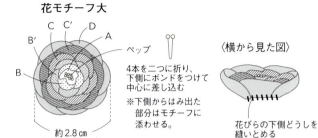

4本を二つに折り、下側にボンドをつけて中心に差し込む

※下側からはみ出た部分はモチーフに添わせる。

〈横から見た図〉

花びらの下側どうしを縫いとめる

約2.8cm（小は約2.2cm）

A〜Dの花びらを縫いとめる。

※花びらAは表側を、B〜Dは2段めの表側を内側に向ける。
※花モチーフ小もペップを入れずに花びらA、B、C、Dを縫いとめる。

〈花びらモチーフの枚数と使用色〉
※糸は、1色の場合は2本、2色の場合は各色を1本ずつ引き揃える。

花モチーフ大

A		1枚	アイボリー
B		3枚	アイボリー、生成り
B′		5枚	生成り
C		5枚	生成り、オフホワイト
C′		5枚	オフホワイト
D		7枚	オフホワイト

花モチーフ小（1個分）

A		1枚	オフホワイト または 生成り
B		3枚	
C		5枚	
D		6枚	

花びら C、C′

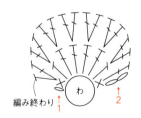

花びら D

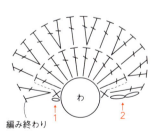

※C′とDは作り目のわを絞りきらずに0.5cmほど糸が残っている状態にして編む（Dのモチーフ写真参照）。

コード

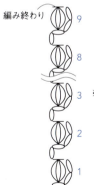

※間にくさり1目を入れて中長編みの玉編み5目（1目めは立ち上がりのくさり2目）を9個編む。

くさりの作り目(1目)／編み始め

次ページへ続く

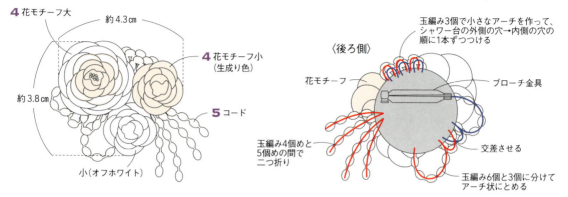

ブルー＆ピンクのブロッサムリング　>> p.9

材料
【a】
花モチーフ … 3個
粒ビーズ（ピンク）・1.3mm … 27個
皿付きリング金具（金古美）… 1個
ビーズステッチ糸
【b】
花モチーフ … 3個
皿付きピンキーリング金具（金古美）… 1個
【共通】
多用途ボンド

モチーフの材料
【a】
レース糸：DMCスペシャルダンテル
　（ピンク／761）、（ピンク系段染め／48）、
　（薄ピンク／818）… 各適量
【b】
レース糸：DMCスペシャルダンテル
　（淡ブルー／813）、（ブルー系段染め／67）、
　（水色／3325）… 各適量

道具
レース針：12号
はさみ、とじ針、定規
aのみ
ビーズ針、ビーズ通し針

作り方

1. 編み方図を参照して土台を1枚編む。
   ※【a】はピンク、【b】は淡ブルーで編む。
2. 編み方図を参照して花びらモチーフA、B、Cをそれぞれ3枚ずつ編む。
   ※花びらの色は図参照。
   ※モチーフに仕上げの加工をする場合はp.51を参照して作業する。
3. 花びらA、B、Cを1枚ずつ重ねて中心を縫いつけ、花モチーフを3個作る。【a】は中央にビーズをつける。
4. 土台に花モチーフを3個、土台の編み終わりの糸端で縫いつける。
5. リングの皿にボンドで貼る。

花びらモチーフ

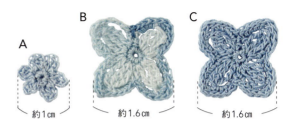

A　約1cm　　B　約1.6cm　　C　約1.6cm

花びらモチーフ B
【a】ピンク系段染め
【b】ブルー系段染め

花びらモチーフ C
【a】ピンク
【b】淡ブルー

※1〜3段めはBと同じ。
※編み始めの糸端を約20cm残しておく。

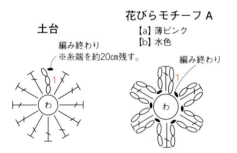

土台
編み終わり
※糸端を約20cm残す。

花びらモチーフ A
【a】薄ピンク
【b】水色
編み終わり

3 花モチーフの仕立て方

ビーズを3個ずつ、共糸に通して中心に縫いとめる（合計9個）

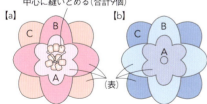

【a】　【b】　（表）

※p.70の「シロツメクサモチーフ・花の仕立て方」を参照して、Cの編み始めの糸端でモチーフどうしをつなげる。

4
〈裏側〉
土台（表）
【a】（または【b】）の花モチーフ（裏側）3個

5
約2.2cm

【a】（または【b】）の花モチーフ

リング金具（【b】はピンキーリング金具）

リングの皿にボンドをつけて貼る

木の実のチャーム >> p.12

材料
実モチーフ…2個
メタルパーツ／葉（金古美）・約10mm×18mm … 1個
丸カン（金古美）・外径4mm … 3個
チェーン（金古美）・長さ約16.5cm … 1本
アジャスター（金古美）・約5.5cm … 1本
カニカン（金古美）・約6mm×11mm … 1個

モチーフの材料
レース糸：DMCスペシャルダンテル
　（茶色／433）、（薄茶／435）… 各適量

道具
レース針：12号
はさみ、とじ針、定規、平ヤットコ、丸ヤットコ ※平ヤットコ2本でもよい。

作り方
1 編み方図を参照して実モチーフを2個分編む。
　※本体は茶色、かさは薄茶で編む。
2 実モチーフを仕立て、枝を編んで2個をつなぐ。
　※枝は編み方図を参照して薄茶で編む。
　※モチーフに仕上げの加工をする場合はp.51を参照して作業する。
3 実モチーフと葉のメタルパーツをチェーンの中央に丸カンでつなぐ（p.52参照）。
4 チェーンの両端に丸カンでカニカンとアジャスターをそれぞれつなぐ。

実モチーフ

約1.6cm / 約1cm

本体　2個

共糸を1.5m中に詰め、最終段の頭をすくって編み終わりの糸端を通して絞る

段の境目の案内線

目数と増減の仕方

段数	目数
12段	6目（−6目）
11段	12目（−3目）
5〜10段	15目
4段	15目（+3目）
3段	12目（+3目）
2段	9目（+3目）
1段	6目

かさ　2個　※編み地の裏を表側にする。

編み終わり　※糸端を約30cm残す。

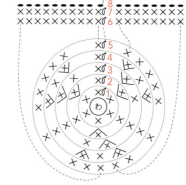

目数と増し方

段数	目数
5〜8段	18目
4段	18目（+6目）
3段	12目（+3目）
2段	9目（+3目）
1段	6目

2

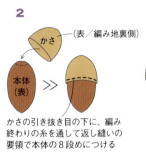

①本体にかさをかぶせ、
とじつける。

※こま編みはかさの
中心に編みつける。

②枝を薄茶で編んで実モチーフ
2個をつなぐ。

ローズヒップのミニリース　>> p.28

実モチーフ

約1.1cm
約0.9cm

葉モチーフ

約1.3cm

ブレード

1段目の玉編み3個分＝約2cm
約1.2cm

材料
実モチーフ…8個
葉モチーフ…6個
ブレード…1枚
地巻きワイヤー（緑）・#26…長さ8cmを4本
リース台（蔓）・直径7cm…1個
手芸用ボンド

モチーフの材料
レース糸：DMC スペシャルダンテル
　（赤／321）、（緑／701）、（茶色／433）、
　（淡茶／437）…各適量

道具
レース針：12号
はさみ、とじ針、定規

作り方
1. p.88の編み方図を参照して実モチーフは赤、葉モチーフは緑、ブレードは淡茶で編む。
　※実モチーフは編み始めの位置に茶色の糸1本取りでフレンチノット（5回巻き）を刺す。
　※葉モチーフは編み終わりの糸を30cm残す。
　※モチーフとブレードに仕上げの加工をする場合はp.51を参照して作業する。
2. p.89を参照してワイヤーに葉モチーフと実モチーフをつけ、枝付きのローズヒップを仕立てる。
　※同様のものを長さを変えて2個作る。
3. リース台にブレードを巻きつけ、両端を下で結ぶ。
4. 3に2を緑の糸でかがりつける。

次ページへ続く

実モチーフ

共糸を1.5m分中に詰め、最終段の頭をすくって編み終わりの糸端を通して絞る

段の境目の案内線

目数と増減の仕方

段数	目数
9段	6目（−6目）
8段	12目（−6目）
5〜7段	18目
4段	18目（+6目）
3段	12目（+3目）
2段	9目（+3目）
1段	6目

実モチーフの仕立て方

フレンチノット（5回巻き）を実の編み始めの部分に刺す

フレンチノット（5回巻き）

1から針を出し、針に糸を5回巻く。
針先を2に入れて糸を引き締め、
針を裏側へ抜く。

葉モチーフ

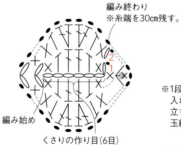

編み終わり
※糸端を30cm残す。
編み始め
くさりの作り目（6目）
● = ワイヤー通し位置

ブレード

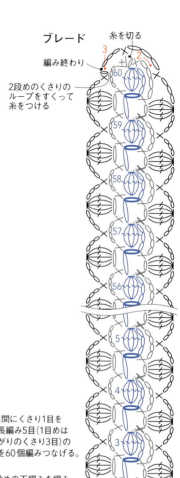

糸を切る
編み終わり
2段めのくさりのループをすくって糸をつける

※1段めは間にくさり1目を入れて長編み5目（1目めは立ち上がりのくさり3目）の玉編みを60個編みつなげる。

🔵 = 1段めの玉編みを編み入れる位置で、2段めではこま編みをこの目に編み入れる。

✕ = 1段めの玉編みの頭に編み入れる。

くさりの作り目（1目）／編み始め

2 枝付きローズヒップの仕立て方
※上下の各1個を作る。〔 〕内は下側に配置するほうの長さ。

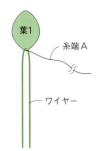
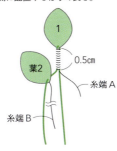
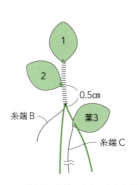
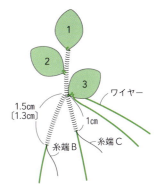

①葉モチーフ1個のワイヤー通し位置にワイヤー1本を通して二つ折りにする。編み終わりに残した糸端でワイヤーを2本一緒に芯にして巻いていく。

②0.5cm分巻いたら、左側のワイヤーに葉モチーフ1個を通す。ワイヤーと編み終わりの糸端Bを芯にして糸端Aでさらに巻く。

③0.5cm分巻いたら、Aの糸端はボンドをつけて余分を切る。右側のワイヤーに葉モチーフ1個を通す。ワイヤー1本ずつを芯にして左側を糸端B、右側を糸端Cで巻く。

④それぞれ図の長さに巻いたら、ボンドをつけて糸端とワイヤーの余分を一緒に切る。3番めの葉に新たにワイヤー1本を通し、二つ折りにする。

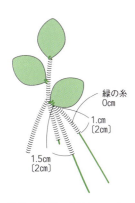
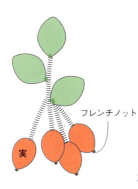
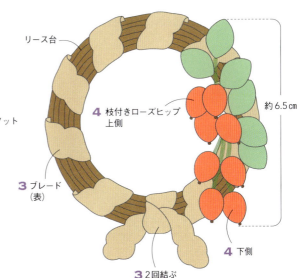

⑤緑の糸60cmを足し、ワイヤーを1本ずつ芯にして、糸の中央から、図の長さに巻く。糸の中央部分と巻き終わりにボンドをつけてワイヤーと一緒に余分を切る。

⑥それぞれの巻き終わり部分にボンドをつけ、実モチーフの最終段を絞った穴に差し込んで実をつける。

チューリップのブローチ　>> p.29

材料
花モチーフ（花1輪）…1個
地巻きワイヤー（緑）・#28 …約8cm
ブローチピン（銀古美）・25mm…1個

モチーフの材料
レース糸：DMC スペシャルダンテル
　（山吹色／743）、（淡山吹／744）、（濃緑／699）、
　（緑／702）…各適量

道具
レース針：10号
はさみ、とじ針、定規

作り方
1. 編み方図を参照して花びらモチーフを編む。
　※Aは淡山吹で1枚、Bは山吹色で2枚編む。
2. 編み方図を参照して葉、茎モチーフを編む。
　※葉は、12段めまでは緑で編み、13〜15段めは色を替えながら緑と濃緑で、16〜31段めは濃緑で、2枚編む。
　※茎は濃緑で編み、筒状にする。
　※モチーフに仕上げの加工をする場合はp.51を参照して作業する。
3. p.92を参照して花びらAを丸め、外側にBを巻きつけて形を整え、花を仕立てる。
4. 茎の長さに合わせて二つ折りにしたワイヤーを茎の中に入れ、花、葉の順に縫いつける。
5. 4の後ろ側にブローチピンを縫いつける。

花びらモチーフ
（実物大）

A

B

葉モチーフ
（実物大）

花びらモチーフ A
編み終わり
※糸端を約20cm残す。

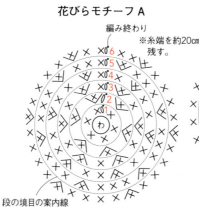

段の境目の案内線

花びらモチーフ B
2枚
編み終わり
※糸端を約20cm残す。

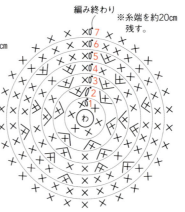

目数と増し方

モチーフ A	
段数	目数
6段	36目（+6目）
5段	30目（+6目）
4段	24目（+6目）
3段	18目（+6目）
2段	12目（+6目）
1段	6目

モチーフ B	
段数	目数
6、7段	30目
1〜5段	Aと同じ

葉モチーフ
2枚

編み終わり

切る 緑の糸を

濃緑の糸をつける

くさりの作り目(5目)

編み始め
※糸端を約20cm残しておく。

[葉の色の替え方]
※作品とは別の糸とかぎ針で解説。写真では緑の糸を淡ベージュで、濃緑の糸をピンクに置き換えている。

1 12段目に続けて緑でこま編みを3目編むが、3目めのこま編みの最後の引き抜きを濃緑の糸に替えて編む。

2 1のあと、濃緑でこま編みを3目編むが、緑の糸を編み地に添わせて編みくるみ、1と同様に3目めの最後で緑に替えて編む。
※濃緑の糸はそのまま休ませておく。

3 続けて緑の糸で14段目の2目めまで編むが、最後は休ませておいた濃緑の糸を引き上げて1と同様に色を替える。濃緑の1目めを編むときに引き上げた糸を編みくるむ。

4 続けて14段目を2と同じ要領で編む。15段目は、14段目と同じようにして緑1目、濃緑7目、緑1目の順に編む。このとき、最後の緑の目は2と同様に濃緑の糸を編みくるみ、濃緑の糸で最後に引き抜く。葉の色替えができる。

茎モチーフ

編み始め

くさりの作り目(28目)

編み地を二つ折りにして引き抜き、筒状にする(右図参照)

編み終わり
※糸端を約20cm残す。

茎の仕上げの編み方

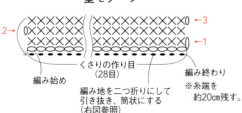

茎モチーフ

わ　作り目　3段めの編み終わり

①作り目側を手前にして編み地を二つに折る。

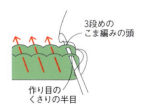

3段めのこま編みの頭

作り目のくさりの半目

②作り目のくさり半目をすくって3段めのこま編みの頭の下に針を入れて引き抜く。

次ページへ続く

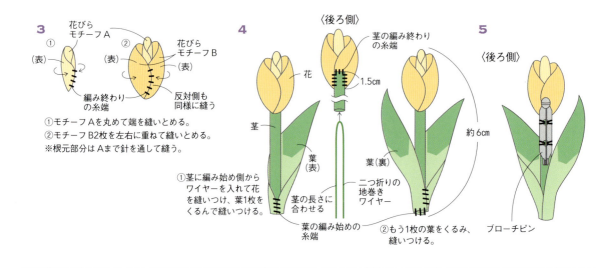

① モチーフAを丸めて端を縫いとめる。
② モチーフB2枚を左右に重ねて縫いとめる。
※根元部分はAまで針を通して縫う。

プルメリアのチャーム　>> p.13

花びらモチーフ

約1.1cm

花心

約0.5cm

材料
花モチーフ…1個
メタルパーツ／枝サンゴ（シルバー）・約16mm×27mm、
　巻き貝（シルバー）・約10mm×22mm … 各1個
丸カン（シルバー）・外径4mm … 5個
チェーン（シルバー）・長さ約16.5cm … 1本
アジャスター（シルバー）・約6cm … 1本
カニカン（シルバー）・約6mm×11mm … 1個

モチーフの材料
レース糸：DMC スペシャルダンテル
　（黄色系段染め／90）、（白／B5200）… 各適量

道具
レース針：12号　はさみ、とじ針、定規、平ヤットコ、丸ヤットコ※平ヤットコ2本でもよい。

作り方
1　編み方図を参照して花びらモチーフを5枚編む。
　※6段めまでは白で編み、7〜10段めは段染め（薄い黄色部分）に替えて（p.57参照）編む。
2　編み方図を参照して花心を編む。
　※段染め（濃い黄色部分）で編む。
　※モチーフに仕上げの加工をする場合はp.51を参照して作業する。
3　花心に花びらモチーフを編み終わりの糸端で縫いつける。
4　3の花モチーフと、巻き貝と枝サンゴのメタルパーツをチェーンの中央に丸カンでつなぐ（p.52参照）。
5　チェーンの両端に丸カンでカニカンとアジャスターをそれぞれつなぐ。

花びらモチーフ　5枚

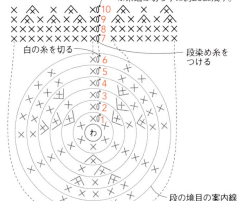

最終段の頭をすくって糸端を通して絞る
※糸端は切らずに約20cm残す。

白の糸を切る

段染め糸をつける

花心

編み終わり

段の境目の案内線

目数と増減の仕方

段数	目数
10段	8目(−4目)
9段	12目(−6目)
5〜8段	18目
4段	18目(+6目)
3段	12目(+3目)
2段	9目(+3目)
1段	6目

3 花モチーフの仕立て方

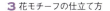

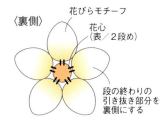

〈裏側〉

花びらモチーフ

花心（表／2段め）

段の終わりの引き抜き部分を裏側にする

①花びらモチーフの段染め側（編み終わり側）を花心にとじつける。

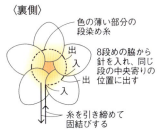

〈裏側〉

色の薄い部分の段染め糸

出 入
入 出

8段めの脇から針を入れ、同じ段の中央寄りの位置に出す

糸を引き締めて固結びする

②花びらモチーフに段染め糸を通してつなげ、糸端を始末する。

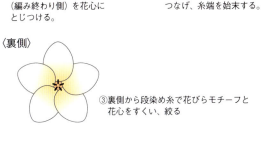

〈裏側〉

③裏側から段染め糸で花びらモチーフと花心をすくい、絞る

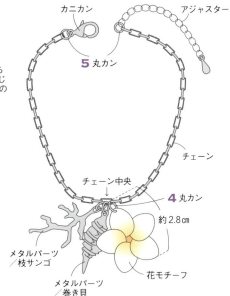

カニカン
アジャスター
5 丸カン
チェーン
チェーン中央
4 丸カン
約2.8cm
メタルパーツ／枝サンゴ
花モチーフ
メタルパーツ／巻き貝

紅いバラの首飾り >> p.30 / 翠のバラのスカーフ留め >> p.31 / ミニバラのシューズクリップ >> p.32

花モチーフ
(実物大)

材料
【首飾り】
花モチーフ…1個
シャワー台付きペンダントトップ（シルバー）・
　直径12mm…1個
丸カン（シルバー）・外径3mm…1個
ベルベットリボン（グレー）・幅1cm…60cm
【スカーフ留め】
花モチーフ…1個
葉モチーフ…2個
スカーフ留め金具（シルバー）・30mm×22mm…1個
多用途ボンド
【シューズクリップ】
花モチーフ…2個
シューズクリップ金具（シルバー）・14mm×18mm…1組
多用途ボンド

モチーフの材料
【首飾り】
刺しゅう糸：DMC25番刺しゅう糸
　（赤／666）、（濃ピンク／3705）…各適量
【スカーフ留め】
刺しゅう糸：DMC25番刺しゅう糸
　（淡灰緑／3072）、（灰緑／647）…各適量
【シューズクリップ】
刺しゅう糸：DMC25番刺しゅう糸
　（淡ベージュ／3864）、（ベージュ／543）…各適量

道具
レース針：8号
はさみ、とじ針、定規
【首飾り】のみ
平ヤットコ、丸ヤットコ※平ヤットコ2本でもよい。

作り方
【首飾り】
1 編み方図を参照して、糸2本を引き揃えて花モチーフを編む。
　※3段めまでは濃ピンクで編み、4段めは赤に替えて花びらの縁を編む。
　※花心側からくるくると巻き、バラの形に仕上げる。
　※モチーフに仕上げの加工をする場合はp.51を参照して作業する。
2 ペンダントトップのシャワー台に花モチーフを縫いつける。台座のツメを倒して平ヤットコで固定する。
3 ペンダントトップに丸カンを通し(p.52参照)、リボンの中央にしっかり固定する。

【スカーフ留め】
1 首飾りの1と同じ要領で花モチーフを編み、バラの形に仕上げる。
　※配色は編み方図を参照する。
2 編み方図を参照して、灰緑と淡灰緑でそれぞれ同色の糸2本を引き揃えて葉モチーフを1個ずつ編む。
3 スカーフ留め金具に葉モチーフ2個、花モチーフの順にボンドで貼る。

【シューズクリップ】
1 首飾りの1と同じ要領で花モチーフを二つ編み、バラの形に仕上げる。
　※配色は編み方図を参照する。
2 シューズクリップ金具に縫いつけ、隙間にボンドをつけて貼る。

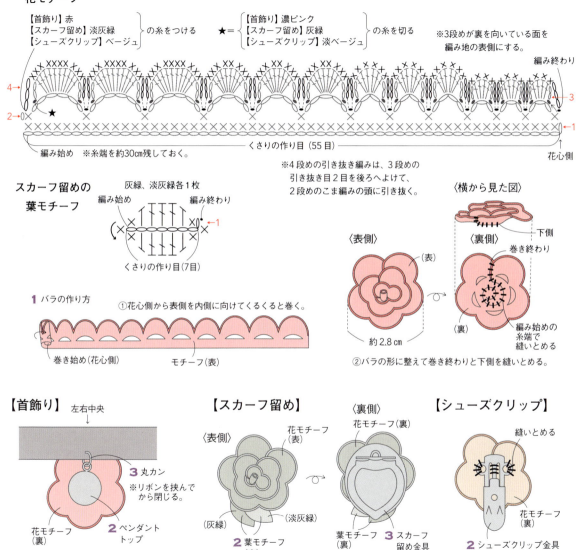

スタッフ

作品デザイン・製作	おのゆうこ (ucono)
	http://ucono-amimono.com
	きくちみさえ (atelier*Shasta daisy*ROOM)
	http://shastadaisyroom.wix.com/shastadaisyroom
	草本美樹
	http://www.meri.tokyo
	Ha-Na (前田直美)
	http://ameblo.jp/knithana/
	古本美枝 (Nico)
	http://nicopetit.exblog.jp/
ブックデザイン	大薮胤美、尾崎利佳 (フレーズ)
撮影	天野憲仁 (株式会社日本文芸社)
スタイリング	曲田有子
トレース・作り方DTP	松尾容巳子
編み地イラスト	白くま工房
作り方解説・撮影協力	田中利佳
校正	神かつ子
編集・作り方解説	明地恵子

レース糸・刺しゅう糸提供
ディー・エム・シー株式会社
〒101-0035　東京都千代田区神田紺屋町13番地 山東ビル7F
TEL 03-5296-7831 (代)
www.dmc.com

かぎ針で編む
可憐な花のアクセサリー

2018年2月10日　第1刷発行

編 者	日本文芸社
発行者	中村　誠
印刷所	図書印刷株式会社
製本所	図書印刷株式会社
発行所	株式会社 日本文芸社
	〒101-8407　東京都千代田区神田神保町1-7
	TEL 03-3294-8931 (営業) 03-3294-8920 (編集)

Printed in Japan　112180120-112180120 Ⓝ 01
ISBN978-4-537-21552-6
URL https://www.nihonbungeisha.co.jp/
Ⓒ NIHONBUNGEISHA　2018
編集担当　吉村

印刷物のため、作品の色は実際と違って見えることがあります。ご了承ください。

本書の一部または全部をホームページに掲載したり、本書に掲載された作品を複製して店頭やネットショップなどで無断で販売することは、著作権法で禁じられています。

乱丁・落丁本などの不良品がありましたら、小社製作部宛にお送りください。送料小社負担にておとりかえいたします。

法律で認められた場合を除いて、本書からの複写・転載(電子化を含む)は禁じられています。また、代行業者等の第三者による電子データ化および電子書籍化は、いかなる場合も認められていません。